古蜀文明与三星堆文化

—肖平·著—

時代 成都时代出版社
CHENGDU TIMES PRESS

图书在版编目（CIP）数据

古蜀文明与三星堆文化 / 肖平著. -- 成都：成都
时代出版社，2019.9
ISBN 978-7-5464-2436-1

Ⅰ. ①古… Ⅱ. ①肖… Ⅲ. ①巴蜀文化－研究②三星
堆文化－研究 Ⅳ. ①K871.34②K872.710.4

中国版本图书馆CIP数据核字（2019）第131859号

古蜀文明与三星堆文化
GUSHU WENMING YU SANXINGDUI WENHUA

肖平 著

出 品 人　李若锋

责任编辑　蒋雪梅

责任校对　张　露

装帧设计　杨　艳

责任印制　李茜蕾

出版发行　成都时代出版社

电　　话　（028）86742352（编辑部）

网　　址　www.chengdusd.com

印　　刷　三河市明华印务有限公司

规　　格　165mm×240mm

印　　张　12.5

字　　数　178千

版　　次　2019年9月第1版

印　　次　2019年9月第1次印刷

书　　号　ISBN 978-7-5464-2436-1

定　　价　48.00元

前　言

　　进入 20 世纪 90 年代中期以来，有关古蜀文化、历史的考古发掘工作取得了前所未有的进展，一批重要的遗址和墓葬相继被揭示出来。由于这些遗址和墓葬所具有的特殊意义，它们分别被评为"1996 年全国十大考古发现（成都平原史前城址群）之一""2000 年全国十大考古发现（商业街蜀王船棺独木棺墓葬）之一"。后来被评为"2001 年全国十大考古新发现"的金沙遗址，也被誉为"21 世纪中国目前最重大的考古发现"……这些如此重要的考古发现同著名的三星堆遗址一起，重现了古蜀文明中最灿烂辉煌的片断。

　　过去相当长一段时间，人们对古蜀历史、文化的认识是模糊不清的，正如大诗人李白在诗中所感叹的那样："蚕丛及鱼凫，开国何茫然！"（《蜀道难》）。有关古蜀文化、历史的研究工作，也大多依赖于文献中的只言片语，因而显得很不客观、深入、全面。但这种尴尬的局面通过四川地区考古学家们的不懈努力，已经得到根本性改观。现在，我们不仅弄清了三星堆文明的起源，而且基本梳理清楚了它的发展脉络和走向。古蜀文明从诞生、发展、兴盛到衰亡的全过程，都在考古学家们的辛勤努力下被一一重建起来。

古蜀文明作为长江上游古代文明的中心区域，不仅具有很高的文明程度，而且具有与中原古代文明判然有别的文明形态，相关的考古发现也正引起专家和读者的强烈关注。此书不仅全面概括了古蜀文化中最重要的考古发现，而且及时概括了最新的发掘进展情况和研究成果。

相信读者通过此书，能对古蜀文明的辉煌历程有一个全面、真实而鲜活的了解。

肖 平

2019 年 3 月 20 日于成都修订

目 录 _{MULU}

高　潮

一半是历史，一半是神话

结　语

金沙遗址

——期待中的惊世发现

　　2005 年 8 月，一件出土于成都金沙遗址的金箔"太阳神鸟"图案从上千件参评作品中脱颖而出，当选为中国文化遗产标志。为什么代表中国古代文化遗产的标志图案不是长城、故宫、兵马俑这些"重量级"的文物，而是古蜀文化时期一块薄薄的金箔？

城市童年

　　今天，人们像谈论楼兰古城和商代的殷墟一样谈论着成都城市的母体——金沙遗址，人们对这座晚商至西周时期的古蜀国都邑产生了莫大的兴趣，那些神秘而古老的器具正散发出缕缕光辉，这样的光辉摄住了人们的心魂。有关古蜀国的记忆，大多数人是从三星堆开始的，但是现在，代表金沙遗址文明高度的众多金器、玉器也和三星堆遗址的青铜器一样征服了我们的想象，打破了我们固有的思维和孤陋寡闻的历史观。那么，金沙遗址是一个什么性质的都邑，它和现代成都城有何关联，古蜀人在城市规划和建设上有何杰出贡献，考古学家又是怎样把这个遗址逐渐揭示出来的？

金沙遗址发掘现场

按照通常的说法，成都的建城史始于公元前311年，雄风浩荡的秦国军队沿着金牛道穿越秦岭，一举灭掉了富甲一方的蜀国。当时的蜀国有着辽阔的疆域、强大的军队和高超的冶炼技术，但秦始皇的祖先比没落的开明王朝具有更加强大的精神力量和征服全国的欲望。秦国灭蜀后，为了加强对蜀国的控制，秦惠王便派遣他的宰相张仪来成都筑城。

张仪所筑的成都城是按照当时北方咸阳的格局修建的，目的仅仅是为了屯驻秦国的军队。

这座城池在历史上被称作"大城"。城内终日飘荡着战马的嘶鸣和秦国军队的刀光剑影，因为"大城"当时只是一座庞大的军营，是不允许当地老百姓和商人居住的。随着人口的增殖和蜀地反秦情绪的低落，后来又在"大城"的旁边修了一座少城，这就是成都城的发端，我们追溯成都城的历史，其源头即是这座由秦国宰相修建的城市。

然而事实上，这样一座由"异族"建立的城市并非成都城市历史的开端，蜀人早就在这块沃土上建立了自己的城市，而且规模宏大、布局合理，充分体现了建筑和管理的水平。从张仪所筑的成都城往回追溯，我们知道蜀国开明王朝九世至十二世是定都在成都的，这就是说，在张仪筑成都城以前，成都已经有一座像样的城市了，而且是作为蜀国的首都而存在的，它既是成都平原和周边地区的政治中心，也是该区域的文化中心和经济中心。

2001 年 2 月 8 日，金沙遗址在成都的西面被揭示出来，它跟这座现代化的城市是连成一体的，两者的关系就像胚胎和植物苗株的关系一样亲密。那么，金沙遗址会不会就是消失了的古蜀国开明王朝国都呢？我们说不是的，金沙遗址的历史比开明王朝国都的历史还要早。换句话说，金沙遗址才是成都城市文明的母体和根脉，成都城市的历史是由金沙遗址逐渐培育和演进而来的，它才是我们身边这座城市金色且值得回味的童年。从那时到现在，成都已经走过了 3000 多年的历史，多么漫长、壮阔和不可思议啊！

如果用简单的方式描述成都城市的发展历史，我们可以使用下面的格式：金沙遗址——蜀开明王城——秦汉的大城、少城——唐末以后的罗城——现代成都城。其总体发展规律是从西北方向向东南方向扩展，像一棵幼苗发展成为枝繁叶茂的大树，古代的成都城在唐朝末年时已抵达两江交汇处，从而奠定了现代成都城的基本格局。

出土于金沙遗址、极具古蜀意味的"太阳神鸟"金饰图案成为"中国文化遗产标志"

古蜀都邑

金沙遗址是四川地区青铜时代继三星堆之后最为重大的考古发现。到 2002 年 10 月，发掘面积已接近 20000 平方米，是西南地区有史以来最大规模的一次考古发掘。现已探明的遗址面积，也即这座古蜀国中心都邑的面积约为 3 平方公里。

其实在漫长的古蜀国历史上，像金沙遗址这样的"都城"或聚落还有很多，它们像亮丽的星辰一样照亮了古蜀国模糊的历史。现已探明的古蜀国旧城遗址已有新津宝墩古城遗址、都江堰芒城遗址、郫县三道堰古城遗址、温江鱼凫城遗址、崇州双河遗址、崇州紫竹村遗址等，它们都是通过航拍、民间传说和考古学家们的发掘而显现出来的。只不过三星堆遗址和金沙遗址是这些众多城址中时间较晚、规模最大的而已。

石虎（金沙遗址）

通过揭示和复原的金沙遗址已经是一座真正意义上的"都邑"了，它有不同的功能分区和中心广场，环境和建筑也都布置得当，可以说当时的人已经懂得"城市"的意义和管理的方法了。

宫殿区和祭祀区，这是整个金沙遗址最为重要的一个区域，相当于一座城市的中枢神经，面积约为 1000 平方米，目前绝大部分贵重礼器皆出自这里。而且该区域还发现 3 个器物比较集中的"坑"，令人想起三星堆遗址已经发掘的祭祀坑和玉石器坑。我们无法弄清为何古蜀人要把国之重器沉埋坑中，无法知道让泥土掩盖这些器物璀璨的光辉目的何在。第一个坑为"象牙堆积坑"，弯曲而巨大的象牙像沙丁鱼一样被有序地排放着，体积和重量比我们今天见到的象牙更大、更重，保存完好的象牙尚有润泽的颜色和坚硬的质地。象牙坑中还同时出土了大量精美的玉器和铜器。第二个坑为"石璧、石璋半成品堆积坑"，层层叠叠的玉石器呈西北高、东南低的倾斜坡度堆积，同时附近还发现有与作坊遗址相关的房址和制作石器留下的残渣等。第三个坑为"野猪獠牙、鹿角、美石堆积区"，精美的石料和动物的骨骼牙齿堆积在一起，有点像行为艺术，也像远古人类留给现代人的一盘棋。在这个区域中，应该还有神庙类的宏大建筑，它们和各种礼器一道构成了古蜀国别致而坚定的政治和宗教信仰。可以想象，当时的蜀王或部族首领会经常来这儿主持仪式、发表演说，他头上戴着那条出土的饰有鸟、鱼和人头图案的金带，神色严峻地祭祀天地神灵，根据季节安排农业生产并疏通可能威胁城市安全的河道。

在这个中心区域以外，考古学家们还发现了具有普通人生活情调的集会广场、木（竹）骨泥墙式建筑、小型馒头窑、陶器生产区、长方形竖穴土坑墓等区域，它们和祭祀区、宫殿区一起构成了一座完整的聚落。从揭示的遗址可以看出，这些功能各异的社区单元有着一种既相互独立又相互关联的布局关系，城市的影子从这样的关系中亲切地显现出来。木（竹）骨泥墙建筑是古蜀时期比较流行的一种民居式建筑，古蜀先民居住在这样的寓所中会感觉温暖。这种房屋的建筑方法为：先在地上挖出房屋的基槽，然后把竹子或木头按一定的距离竖立在基槽内形成墙体，竹与竹之间再用编织物连接，抹上泥后就成了墙面。为了使墙体坚固耐用，古蜀先民还采用烘烤的方法来加固墙面。

木（竹）骨泥墙式房屋建筑在成都平原多个古城遗址均有发现，而且当时的柱洞和竹木炭化后的痕迹仍然清晰可见。此外在墓葬区内，古蜀先民的遗骸伴着为数不多的殉葬品长眠着，他们作为这座城市的居民得到了一小块安身之地。但是从墓葬内随葬品数量的多寡和墓穴形制看，当时的金沙先民已经出现明显的社会阶层。

对考古知识感兴趣的人都知道，金沙遗址的文化面貌跟三星堆遗址有着某种相似处，包括器物的造型、都邑布局、聚落观念等。这两座相距仅有 38 公里的古蜀国都邑到底有着怎样的关系呢？意见有两种：一种意见认为，金沙遗址应当是三星堆文明忽然消失后在成都的一次重建。从三星堆遗址被废弃的原因看，它很可能毁于古蜀时期一次浩大的洪水，当洪水以排山倒海之势袭来时，三星堆古城的首领带领着他的臣民迁徙到了成都平原腹心重建家园。另一种意见认为，金沙遗址和三星堆遗址是当时成都平原相继兴起的两个权力中心，这两个同属于蜀文化范畴的中心聚落可能保持一种既相互独立又密切相连的关系。无论上述两种说法谁更符合历史真相，有一点毋庸置疑，那就是成都平原在商周时期出现过两个文明程度很高的都邑。

金沙遗址这座 3000 多年前的成都城，虽然没有高楼大厦和繁华的商业活动值得缅怀歌颂，但我们也应向祖先们表示敬畏，因为正是他们的创造和想象，才使我们寻找到了成都城市文明的发展根脉。这种看起来已经枯萎的城市根脉其实还活着，它就那么安静地躺在我们身边，像一把锄头或一张犁，告诉我们前人曾经有过的经历。

文明与废墟

金沙遗址发现以前，这里是一片位于城市边缘的绿油油的农田，上面零星散布着一些农舍，丝毫看不出是一座被废弃的古城遗址，它不像平原上其他远古城址那样，有巍峨的城墙（尽管残缺不全）作标记，让我们从外观上能看出这曾是一座欣欣向荣的"城市"。也许，金沙遗址的城墙过于靠近成都这座大城，因而早就被人力夷为平地了。但金沙遗址的意外发现，毕竟告诉我们一个事实：远古文明和现代文明在空间上是完全重叠在一起的，尽管时间相隔数千年。

2001 年 2 月 15 日下午，也即金沙遗址被发现一周以后，我随成都市文物考古研究所的考古学家来到现场。这是一片处于城市边缘的开阔地，笔直宽阔的街道和鳞次栉比的高楼已将它逼入绝境。看得出，这是一片早已被房地产开发商圈定等待开发的土地，空气中弥漫着灰尘的味道。由于该遗址发掘出大量珍贵文物的消息尚未公开，所以那一圈被红白相间的编织布围起来的"工地"显得平凡至极，我们从"工地"旁边的隐蔽小门进入现场，新鲜的褐灰色泥土中夹杂的卵石很容易使人趔趄。卵石是成都平原常见的东西，成都平原本身就是由发源于盆地西北的大大小小的河流冲积而成。放眼望去，近千平方米的遗址上均匀地布满了若干个探坑，考古学家一边认真地绘图、拍照、清理出土器物，一边忙忙碌碌指挥工人挖掘，一辆辆手推车运送着泥土来回穿梭。探坑的坑沿边，笔直地站立着若干个保安，他们穿着统一的制服，不苟言笑。

在房地产公司原先打算埋设下水管道的巨大沟壕里，挖掘机留下的铲印仍清楚可见。这是一个长约 10 米、宽约 4 米、深约 5 米的土坑壕，壕四周的泥壁上镶嵌着大量的象牙，这就是被考古学家称为"象牙堆积坑"的遗址现场。金沙遗址象牙的保存情况总体上要比三星堆好一些，虽然有些象牙颜色已由瓷白晶莹转为灰褐黯淡，但仍有部分象牙保持着近似新鲜的润泽。沟壕上方的一块台地上，被挖土机翻起来的一大堆泥土正等待清运。此前，考古学家已从这堆泥土中清理出大量的金器、玉石器和青铜器，那条著名的金带以及玉琮、石人、金面具等都出自这里。

在主持发掘工作的年轻考古学家的指引下，我们下到探坑底部仔细观察刚刚出土的文物。其中，一件樱桃红的玉器刚刚从湿润的泥土中露出端倪，但由于它的下部尚沉埋土中，所以不能立即给它命名。我们用刷子和小型竹铲剔除上面的黏土后，发现它的侧面只有巴掌那么大，表面光滑，颜色红润，

金沙遗址出土的玉琮

轻轻一摸，竟有沁人心脾的质感。同时，还发现这块玉的表面有一个规整的"U"形符号，人工刻画的痕迹非常明显。散落在遗址四周的象牙看起来并不珍贵，因为它们实在多得和瓜地里的瓜一样。工作人员不时给这些新出土尚未取出的象牙喷洒药剂，之后用塑料薄膜遮盖，以便防晒保湿。

在每个探坑笔直的坑壁上，地层因为时代和堆积的关系，呈现出不同的层次和颜色，考古学家在层与层之间刻画了笔直或者波浪起伏的线条，这对于判断遗址和出土文物的年代序列尤为重要。被雇用参加简单挖掘工作的当地农民大多是年轻妇女，她们一改往日劳动的习惯，变得轻手轻脚、小心翼翼。

抢救性清理发掘工作完成以后，考古学家开始对金沙遗址这座成都

最古老的"城"进行研究。随着揭示面积的逐渐增大和出土文物的日渐丰富，一座远古"都邑"的面目完全浮现了出来。包括古城的布局和功能分区，以及具有普通人生活情调的木（竹）骨泥墙小房子和墓葬等，这些被时间荒废和遗弃了的东西重新苏醒过来，构建并复原出这座古蜀国中心都邑当初的样子。

青铜时代的厚礼

现在我们知道金沙遗址是成都城市的雏形，作为当时的一个巨大都邑，它有着早期城市的所有特征，包括宫殿区、居住区、墓葬区、手工作坊等设施齐全的城市都城，而且还有着高度发达的文化，这些文化毫无疑义是古蜀人用双手和智慧创造出来的。可以想象，在三四千年以前，森林密布、河水清凉的长江、黄河贯穿着中国的版图，中国的文明开始在辽阔的土地上孕育。各种文明形态像大地上的植物一样自由生长，满天星斗似的地域文明共同汇聚成了中华文化。

金沙遗址的出土文物正渐渐为我们熟悉和热爱，其中的金箔太阳神鸟已作为城市的形象徽记伫立于人南立交桥桥头，并且于 2005 年 8 月正式被评为中国文化遗产标志。这件金箔的图案是由太阳的 12 道光芒和 4 只绕日飞翔的神鸟组成，圆形的图案代表了天地万物和谐包容的特性，12 道光芒和 4 只神鸟让人联想到一年四季和时序的变更。整个图案高度抽象和完美，叫人一睹之下怦然心动。

金沙遗址出土的 2 万多件文物中，以礼仪性用品最为丰富，而实用性的器具出土得不多。这些精美的礼器有的是非常完整和大型的，比如玉琮、玉璧，而有的只是其他大型礼器上的零部件，换句话说，还有发现其他大型礼仪性用品的可能性，甚至包括三星堆遗址那样大型的青铜器具。

为什么在古蜀文化遗址中会发现如此精美而众多的礼器呢？这跟当时的社会形态是有关系的，因为古蜀时期的政治体制尚属"政教合一"的模式，政治权力的维系往往是通过宗教的形式来完成的，因此这一时期的人们十分重视礼仪性用品的生产制造，甚至用"国之重器"四个字来阐述它们的价值。再加上古蜀历史当时并未被纳入中原历史的范畴，因而这些器物在造型上就与中原器物判然有别，显得飘逸诡秘，想象力大胆丰富，充满了古蜀文化特有的饱满、奔放和热情。

金沙遗址是目前国内出土玉器数量最多的遗址，种类包括玉琮、玉璋、玉剑、玉戈、玉璧等十余个品种。尤其值得称道的是，一件堪称国宝的翡翠绿玉琮被完整地保留下来，它高约 22 厘米，上面绘制着极其华丽的微雕，细若发丝的花纹和一个人形图案在光洁的绿玉上

金沙遗址出土的金面罩

若隐若现、栩栩如生，没人不为古蜀人的鬼斧神工所折服。后来，遗址内又出土了全国最大的玉璧。这都说明当时礼器制造工艺的发达和宗教意识的浓厚。

遗址中出土的石器和石器半成品、原料等也很丰富，造型十分生动逼真，是四川地区发现的年代较早、制作最精的一批石器，总件数已超过 300 件。通过照片，我们可以看清一件"跪坐石人像"，它的头发如河流般朝两边分开，辫子长及腰际，嘴唇和眼眶涂着黯红色的朱砂，双耳穿孔，两手被牢牢地绑在身后，它有可能是 3000 多年前的一个奴隶的形象，这个形象同三星堆祭祀坑出土的奴隶石雕仿佛一母同胞。端详这件石器时，我们感觉不到哪怕一点粗陋的痕迹，还有那只精美绝伦的卧虎石雕，这都反映出古蜀时期的石（玉）雕工艺已经达到炉火纯青的境界。

除上面提及的玉石器外，金器应当是此次金沙遗址出土器物中最引人瞩目的种类。那些薄如蝉翼的金箔被打造成形状各异、寓意不同的器物，包括金面具、金带、圆形金饰、喇叭形金饰等 40 多件。其中的金面具与三星堆青铜人像上的面具相似，那种眼部被镂空的神秘感混杂在

黄金的质地中，给人以亘古不变的历史凝重感和沧桑感，仿佛古蜀人的眼眸从来就未离开过这片土地似的。而且，遗址出土的那条象征权势和威严的金冠带是用金条捶打而成，长59厘米，宽4厘米，上面压印着4组由鸟、鱼、箭和人面图像组成的图案，令人想起三星堆金杖上的动人纹饰。

散发着古蜀人智慧之光的青铜器本来是三星堆文明的标志性器物，此次金沙遗址出土的青铜器虽然不能和三星堆媲美，但其数量也很惊人，达到了70多件。唯一不足的是，这次出土的多为小型器物，类似于三星堆青铜神树和青铜大立人像那样的"庞然大物"尚未发现。但是随着大型铜器附件、铜尊圈足残片以及大型铜异形器残片的出土，也不排除今后发现的可能性。谁能预测古蜀人的物质宝藏和精神馈赠到底有多么惊世骇俗呢？

如今，在设施一流、陈列手法丰富多样的金沙遗址博物馆，你可以穿越数千年的历史时光，去细细品味古蜀文化的神奇和浩瀚，去朝拜古蜀国神奇的祭坛和精神遗产。

三星堆
——难以想象的古蜀文明之巅

青铜之光照耀世界

广汉三星堆遗址从长江上游一个不知名的古蜀文化遗存，演变为一个世界知名的古代文明中心，除了得益于它是目前中国最大、保存最为完好的殷商古城遗址外，还因为它出土了大量能够代表古蜀文明高度的精美器物。这些器物不但有别于其他古老文明，具有自己独特的个性，而且还因为它埋藏方式的奇特怪异。当然，对于一般观众而言，也许这些文物具有的极高的观赏价值更能抓住他们的眼神，震撼他们的心灵。换句话说，他们无须通过更深层次的对于文化背景的了解，就能体味出这种文明的深意。

这种青铜头像，出土前已被火烧残损

三星堆遗址保护标志

在三星堆出土的众多文物里面，青铜器和金器的出土无疑是最具影响力的。目前，许多单件器物或器物群已经填补了中国乃至世界考古发现的空白，无可争议地成为中国之最或世界之最。比如世界最早、树株最高的青铜神树，它高约384厘米，两侧有三簇"树枝"如垂柳一般弯曲伸展，"树枝"上还或悬或立着27颗果实和9只神鸟；还有长142厘米，重约500克，上面精心雕琢着人头鱼鸟图案的世界最早的金杖；有重逾180公斤，被喻为"古代铜像之王"的世界最大、最完整的青铜大立人像；同时也有身高仅3.5厘米的中国最小的"青铜立人像"……除此之外，三星堆还是中国一次性出土金器最多的商代文化遗址，种类包括金面铜头像、金面罩、金杖、金虎、金叶、金璋、金带、金料块等；同时，三星堆祭祀坑还是世界上一次性出土青铜人头像和青铜面具最多的古代文化遗址，总件数达50多件。如此众多的"世界之最"汇聚于中国西南、长江上游一处名为"三星堆"的古蜀文化区域，无疑是大大超出了史料的记载和人们的想象。

从当时两个祭祀坑（尽管有不少学者对"祭祀坑"的命名提出质疑，但我仍然认为"祭祀坑"这一称谓是最准确合理的，因为无论此前曾发生过什么，但在埋藏之前或埋藏过程中一定是举行过宏大的祭祀活动，那种燔燎和砸毁的痕迹是永远无法从记忆中抹去的。因此，本书对三星堆两个器物坑仍称"祭祀坑"）的发现以及舆论的普遍反响来看，它确实犹如一枚重磅炸弹，引起了世界范围内的高度重视。

香港《文汇报》1986年12月21日有文章写道："过去，在世界青铜器时代考古史中，只有埃及、希腊才有出土的真人大小的青铜人雕像、真人头部大小的青铜人头雕像、真人面部大小的黄金面罩，如今中国也发现了这些文物，其中不少都是首次发现……这次发掘取得的突破性进展是全国商周考古的重大发现……比湖南马王堆的文物时间早、数量多，其历史价值和艺术价值更高，可以和西安的半坡遗址媲美。"

《光明日报》1986年12月10日载文指出："迄今我国发掘的数量最多，形体最大的古代青铜雕像群——四川广汉县三千年前青铜器群室内清理工作已经展开……这个青铜雕像群和与它们同地点出土的数量众多的其他重要文物的发现、清理，对研究中国巴蜀地区青铜器时代的历史提供了罕见的实物资料，填补了中国青铜艺术和文化史上的一些重要空白……其中最大的青铜人像，是我国所发现的商周时代最大的青铜制品之一……已清理出的十几个青铜人头像中，尚未发现用同一模子制成的形象相同者，这说明三千年前我国古代艺术家之青铜雕塑技术已十分成熟。"

英国《独立报》1987年8月13日也发表名为《中国青铜雕像无与伦比》的评论文章，称："广汉的发现可能是一次出土金属文物最多的发现，它们的发现可能会使人们对东方艺术重新评价。中国的青铜制造长期就被认为是古代最杰出的，而这次发现无论在质量上还是数量上都使人们对金属制造的认识上升到了一个新的高度。"

由此可见，三星堆青铜文明的绚丽光芒从它一出土开始，即以无比灿烂的光芒照亮了整个世界。

在当初那些激动人心的日子里，中国乃至世界考古学界的目光都向这里聚焦。透过学者和专家们的言语，我们能深深感受到这次发现的不同凡响。著名考古学家、中国考古学会理事长苏秉琦先生发表评论说：

"这就是蜀文化的生长点!"四川大学博物馆馆长、已故著名考古学家童恩正先生也由衷赞叹:"这简直是世界奇迹!"而远在伦敦不列颠博物馆的首席中国考古学家杰西卡·罗森,则从一个旁观者的角度大胆预测:"这些发现看来比有名的中国兵马俑更要非同凡响。"随之而起的,便是一场空前繁荣的三星堆文化研究热,国内外一大批考古学家、历史学家投身其中,无怨无悔地为之耗尽心血,他们分别从政治学、文化学、历史学、考古学、人类学、宗教学、文艺学等不同角度对三星堆所代表的古蜀文化发表着各自的见解,使原本虚无缥缈的古蜀历史文化逐渐脱去神话的外壳,大有见证到历史真相的喜悦与激动。如今,这部被研究者们用文字辛勤构筑起来的古蜀历史已伫立在我们面前,这至少说明考古学对人类文明修复的重要。

而对于一般观众来说,远古人类遗留下来的物质财富或许更能激起他们的好奇心,难怪三星堆文物无论是在国内还是在国外的每一次展出,都会引起不小的波澜。1987年9月,三星堆文物首次在北京举办的"全国重要考古新发现展览"上亮相,即刻引起轰动。三年后,三星堆著名的青铜大立人像和青铜纵目人像被布置于北京故宫"中国文物精华展"的中心位置进行展示,令人产生满堂生辉、舍我其谁的感觉。

随着三星堆古蜀文化知名度的一步步提高,国外的邀请展也接踵而至。1993年5月,三星堆文物带着中华民族特有的东方魅力,在瑞士洛桑奥林匹克博物馆亮相,青铜之光犹如天堂梵音征服了西方观众,参观者流连忘返、络绎不绝。从此,来自数千年前中国西南的古蜀文明在一系列的巡回展中创造了奇迹:1995年6月,三星堆文物在德国埃森克鲁勃展出;同年12月,又辗转到德国慕尼黑海伯基金艺术馆展出,倾倒了一大批习惯排斥外来文化的德国观众。1996年4月,三星堆文物再次前往瑞士,以满足当地观众"旧梦重温"的强烈需求。1996年9月,三星堆文物来到著名的英国伦敦不列颠博物馆展出,异域文化的精彩生动倾倒了那里的热情观众。1997年2月,三星堆文物来到丹麦路易斯安那博物馆。1998年2月,三星堆文物进入美国纽约古根海姆博物馆。1998 年 4 月，三星堆文物在日本东京、京都、福冈、广岛等地巡展，不仅观众如潮，而且连日本天皇也亲自前往参观。2001 年 5 月，三星堆文物再次来到美国，它就像一本奇异的百看不厌的大书，令不同肤色的观众交口称颂，参观者中甚至包括美国前总统克林顿和世界首富比尔·盖茨。

三星堆文物在日本展出

特别值得·提的是，1999 年 3—6 月，三星堆文物首次飞越海峡来到台北故宫博物院进行展示，这是大陆文物首次莅临台湾，创造了一个不小的奇迹，甚至连台北故宫博物院院长秦孝仪也抑制不住内心的激动，说："你们真是了不起，不仅敲开了我院的大门，而且创造了我院近几年来参观人数的新纪录。"

1997 年 10 月，雄伟壮观的三星堆博物馆建成并正式对外开放，这对于三星堆文明的研究和展示都具有划时代的意义。从博物馆的宣传和展示语中，我们可以获得对于三星堆遗址和三星堆文明的整体印象：

展示描述一：

总面积达 12 平方公里的广汉三星堆遗址，是四川迄今发现范围最大，延续时间最长，出土文物最为精美，内涵最为丰富的古蜀文化遗

三星堆博物馆

址。1985 年 4 月，考古学家首次发现遗址内的古城墙；次年 5 月，三星堆遗址的时代上限被学术界确定为距今 5000 年；7 月，发现并发掘一号大型祭祀坑；8 月，发现并发掘二号大型祭祀坑。二坑共发掘出土距今 3000 年以前的青铜器、金器、玉器、陶器等 1000 多件，其中，纵目面具、立人像、神树、神坛等青铜器堪称"国之重宝"。三星堆两个祭祀坑文物的发掘出土，是我国"七五"时期十大考古发现之一。

展示描述二：

南去成都 40 公里，北距德阳 26 公里的三星堆博物馆，占地 20 万平方米，投资 3000 多万元，是采用现代化布展和管理手段，融历史博览、园林景观、旅游休闲于一体的大型古遗址专题博物馆。其 4000 平方米的展出面积、600 多米长的展线，通过精心的空间组合，以舞台布景、声光电控等手段，使内容设计与艺术形式达到完美的统一，重点文物得以全方位展示。

一个农民与一次伟大的发现

三星堆文明发现之初，尚有一段传奇故事。虽然现在离那段往事已有足足 90 年的历史，但每当我们提起三星堆遗址，提起三星堆古蜀文明的灿烂辉煌，仍忘不了一个普通的燕姓农民。

1929 年春天，位于广汉三星堆月亮湾的川西平原上，植物和土壤慢慢从冬天的沉睡中苏醒过来，麦子尚未抽穗，田垄上开满一簇簇野花，春播的季节随着风向的转移悄悄降临了。这一天，月亮湾的农民燕道诚祖孙三人从自己的屋子里出来，打算在离家不远的林盘地沟边挖一个水坑，然后用水车把低洼处的水输送到高处灌溉。他们在春天的阳光下懒洋洋地走着，肩上扛着锄头，没有退尽的寒气使他们不时掩紧胸口前的衣服。

这是三个普通的中国农民，他们不知道今天的劳动会惊醒沉睡数千年之久的古蜀文明，因此，他们还是和平常一样，既安详又随意。也许他们祖祖辈辈住在这儿已经有好几百年，从平时的观察和劳动中发现这是一个"城"，并且还在不久前锄地的过程中发现过一些陶片。但是，这些信息对于一个农民来讲有何深意？他们更关心年成的好坏。

燕道诚之子燕青保是三个人中体力最好的，因此他在挖沟时格外卖力，锄头高高地举起来又重重地落下去。忽然，他听到"砰"的一响。燕青保感觉握着锄柄的虎口和手指被震了一下，很硬，是挖到砖头了么？他改换位置又挖了一下，还是"砰"的一震，这一回他确信下面有一个什么东西了。他把锄头搁在一边，蹲下身子刨开泥土，动作依旧是慢吞吞的。但出现在他面前的并不是一块普通的砖头，而是一块白生生的大石环，圆圆的，光光的，就像家里的磨盘一样。不过，这块大石环要比家里的石磨质地好得多，打磨得也十分精细。燕青保觉得奇怪，就叫父亲燕道诚和儿子过来看。他们用手摸了摸，又握住石环的边沿用力一掀。石环动了，下面呈现出一个长方形的神秘土坑，坑内堆满了许许多多色彩斑斓的玉石器。

祖孙三人一时都有些惊愕，最后还是燕道诚最先定下神来。这位年轻时曾在成都闯荡过一阵子的广汉县农民，毕竟见过一些世面，直觉告诉他今天是"时来运转"挖到宝贝了，说不定除开这坑玉石器，底下还藏着数不清的金银财宝哩！燕道诚使了一个眼色，祖孙三人一齐用力把搬开的石环又填了回去，并在上面覆盖了厚厚的泥土。三个人几乎是同时直起身来，朝四周望了望。田野里只有和煦的春风和绿油油的庄稼，四周并无人影。燕道诚从挖坑的地方爬上土埂坐了一会儿，他一边吸烟，一边告诫自己的儿子和孙子：谁也不许把这个消息泄露出去，等到夜深人静时我们再来取宝！看得出，燕道诚紧握烟杆的手指因为激动和紧张而不停地颤抖着。

1929年燕道诚全家像

为什么许多举世瞩目的古代文明遗址的发现都是在一次不经意的劳动之间呢？难道真如古语所说："踏破铁鞋无觅处，得来全不费工夫"吗？广汉三星堆遗址的发现令人想起敦煌莫高窟藏经洞的发现，两者的发现过程简直如出一辙。余秋雨在《道士塔》一文中这样写道："1900年5月26日清晨，王道士依然早起，辛辛苦苦地清除着一个洞窟中的积沙。没想到墙壁上一震，裂开一条缝，里边似乎还有一个隐藏的洞穴……王道士完全不能明白，这天早晨，他打开了一扇轰动世界的门户。一门永久性的学问，将靠着这个洞穴建立。无数才华横溢的学者，将为这个洞穴耗尽终身……现在，他正衔着旱烟管，趴在洞窟里随手翻检。他当然看不懂这些东西，只觉得事情有点蹊跷。为何正好我在这儿时墙壁裂缝了呢？或许是神对我的酬劳。趁下次到县城，捡几个经卷给县长看看。"从王道士遗留下来的照片上我们可以看清，他"穿着土布棉衣，目光呆滞，畏畏缩缩，是那个时代到处可以遇见的一个中国平民……他每天起得很早，喜欢到洞窟里转转，就像一个老农，看看他的宅院"。

这天晚上，月明星稀，远处传来阵阵犬吠声。燕道诚一家五口拿着箩筐、扁担和掘土的工具从家里出来，幸好目的地离家不远，否则再怎么小心翼翼也容易被人发现。他们移开坑口的石环，把坑中精美的玉石器一件件取出来。趁着夜深人静，一个人站在高处望风，其余的人把取出的玉石器急急忙忙运回家中。然而直到最后，他们所期望的金银财宝也没有露面。燕道诚略感失望，他搜遍坑中每个角落，仍未发现金银一类"值钱"的东西。

回到家，一家人在灯下仔细检点刚才的收获，计有璧、璋、圭、圈、刿、珠、斧、刀及玉石器半成品共 400 余件，堆满了半间屋子。出土物中以石璧最具特色。大的石璧直径达 80 厘米，小的直径仅有几厘米。当他们擦拭干净玉器上的泥土时，这些精妙的千年古物在灯下焕发出炫目的光辉。燕道诚一家在兴奋和不安中度过了一个不眠之夜。

此后的一两年间，燕道诚又陆续在发现玉石器坑的附近做了一些小范围的发掘工作。按照他的推测，这坑玉石器的出土绝非偶然，在它附近一定还埋藏着更多、更值钱的东西。因此，他像一个沉默寡言的老农在自己的地里耕种一样，

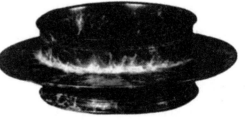

1929 年出土的玉瑗

孜孜不倦地从事着发掘工作，儿子燕青保随时陪伴在他身旁。直到后来，父子二人都因过度的劳累和兴奋而病倒床榻。根据燕青保事后对前来发掘的华西大学博物馆馆长、美籍教授葛维汉所讲，他和父亲燕道诚都突然得了一场大病，几乎是九死一生。他们由此认为这是神灵对燕家

的惩罚,古人留下的宝藏不是随便可以挖掘的。因此,他们停止了进一步掘宝的计划,并把这批意外之财分送给了亲朋邻里,以期"蚀财免灾"。

燕道诚作为一介农民,他对地下埋藏的古蜀器物不可谓不爱不贪,但以后的事实进一步表明,他还是一个深明大义和尚未泯灭"文化良知"的人,他在三星堆遗址的发现和文物保护方面,还是尽了一个中国农民应尽的责任。1956 年,蜀中著名考古学家王家祐先生为探察古蜀文化的踪迹三赴广汉,在燕道诚家住过一段时间。这期间,王先生与年过七旬的燕道诚对榻而眠,秉烛长谈,使燕道诚深受感动,两人竟结为忘年之交。在王先生的感召下,燕道诚一改往日"所有器物均已送人"的说法,颤颤巍巍地把王先生带到月亮湾的田野中间,从一段田埂下挖出了埋藏 20 多年的最后一批精美玉器,其中包括造型和质地都属上乘的玉琮、玉瑗、玉钏和玉磬等,无偿地捐给了国家。这是 20 世纪 20—40 年代三星堆出土器物中最有价值的部分。

"广汉玉器"

燕家在广汉三星堆遗址内发掘出大批玉器的消息,随着这批器物的被分送而广泛地传播开来。1931 年春天,当时正在广汉传教的英籍牧师董宜笃得知了这一消息。董是英国人,平时腋下夹着一本《圣经》或《福音书》在广汉的田间小路上走来走去。他的身材颀长,又穿着中国传统的长袍,因此走起路来长衣飘飘,很像一个中国的知识分子。一天,他在月亮湾一个热闹的农家宅院传播耶稣的教义时,听到妇女们关于燕家玉器的闲谈。董本来对中国传统文化有一定的认识,因此回到广汉县城以后,就把这一消息告诉了平时与他过从甚密的当地驻军首领陶旅长。他一边用茶盖拨着茶碗里漂浮的茶叶,一边用半生不熟的中文说:"希望陶旅长做一些必要的宣传工作,尽快把散失的文物收回来,以便保存下去进行研究。"

陶旅长尽管公务繁忙,仍然在几天后派遣他的属下来到燕道诚家,打算先借几件玉器交给懂行的专家看看再说。燕道诚当时大病初愈,身体瘦了一圈，人也变得少言寡语，现在看到当地驻军登门借玉，心里比当初挖到玉时还要紧张。好在陶旅长的属下还算知情达理，耐心地向燕家宣讲这批玉器的文物价值，燕道诚最后不得不恋恋不舍地拿出了珍藏的五件玉器，交给陶旅长的属下带走。陶旅长拿到玉器，粗略地看了看，随即把它移交给传教士董宜笃。董宜笃用一口箱子把这五件玉器装好，匆匆赶往成都，又把它交给了当时在华西大学任教的美籍教授、地质学家葛维汉。葛对中国文物素有研究，他反复地用手摩挲着这批温润的古玉，又用放大镜仔细观察，一言断定："这是一批有着重要文物价值和研究价值的古蜀遗物，时代应在商周。"这年6月，葛维汉、董宜笃与华西大学一名摄影师一起，风尘仆仆地从成都赶往广汉，在陶旅长的协助下，对月亮湾遗址进行了初步的摄影和考察。

尽管月亮湾发现珍贵玉器的消息已在广汉闹得沸沸扬扬，但它真正在成都引起人们的广泛关注则是在1935年。这一年，成都著名金石鉴赏家龚熙台从燕家购得四件玉器，把玩之余还觉意犹未尽，又把它写成文章，发表在成都东方美术专科学校校刊的创刊号上。这篇名为《古玉考》的文章一面世，立即引起轩然大

1929年出土的玉琮

波。一时间，成都众多的古董商都像闻到腥味的猫一样，带着大宗的银圆、钞票星夜前往广汉，打探燕道诚的住址，希望从他那儿购得一两件古玉，倒手转卖发一笔大财。"广汉玉器"也随之成为成都古董市场最响亮的名号，甚至有一些得不到"真玉"的古董商，为了牟取暴利，雇佣能工巧匠制作假的"广汉玉器"出售，一时间整个古玩市场呈现出一片鱼龙混杂的局面。

与此同时，在广汉三星堆月亮湾一带的农舍和田间小道上，一批批

古董收购商像寻找猎物的狼犬一样来回穿梭，试图用他们灵敏的嗅觉和锐利的双眼捕捉到一点古玉的消息。当地农民也在这些古董商的如簧巧舌鼓惑下，纷纷拿起锄头铁铲，来到燕家发现玉器的地方，在地面掘出一个个犬牙交错的土坑。

当时身为广汉县县长的罗雨苍是个学识修养都不错的人，他当即意识到事态的严重性，马上派人与当地驻军取得联系，采取措施保护月亮湾遗址，禁止私人乱挖乱掘。其实早在 1934 年 3 月初，罗雨苍就以县政府的名义正式邀请葛维汉、林名均率华西大学博物馆科学发掘队前来发掘。可以说，这是四川近现代考古史上第一次较为正式的科考发掘，一共挖出长 12 米、宽 1.5 米的探沟数条，出土文物超过 600 件，种类包括玉器、石器和陶器，这批器物在造型风格上与燕道诚五年前发现的玉石器基本一致。从当时拍摄的一幅已经褪色的黑白照片上，我们可以看见一条深深的探沟。沟的左边站着一个意趣悠然、身穿长褂、双手反剪的人，而沟的右边则有两个肩扛锄头扁担的农民模样的人。照片的背景是一栋破败的农舍和一些尚未长出绿叶的小树，它们构成 1934 年春天三星堆遗址发掘的全部记忆。

但是，由于 20 世纪 30 年代川西平原匪患严重，广汉境内时有匪徒明火执仗抢劫杀人，因此，虽然有 80 余名全副武装的士兵和县政府工作组参与此次发掘与保卫，但科考队员仍感提心吊胆，不能放心地从事大面积发掘。10 天以后，此次由中外专家主持的科考发掘便因"邻近匪风甚炽"而匆匆告终。当葛维汉、林名均把这 600 余件出土器物移送县政府过目时，罗县长慷慨地说："这些器物很有科学价值，把它们送给华西大学古物博物馆吧。"

尽管此次发掘未能触及遗址内那两个著名的"祭祀坑"，但其意义和影响也是不可低估的。事隔不久，葛维汉在《华西边疆研究学会会志》上发表了历史上第一份有关广汉古蜀文化遗址的考古发掘报告——《汉州发掘简报》；林名均也在《说文月刊》上发表了题为《广汉古代遗物之发现及其发掘》的文章，对此次发掘进行了全面的报道和深入的研究。"广汉文化""广汉玉器"也随之名满天下。

葛维汉在《汉州发掘简报》中,以一个熟悉中国文化的"汉学家"的身份着重指出:

> 这次发现的器物,至少对研究古代东方文化和历史学者们提供了三种情况。第一,随葬器物可以帮助我们了解古代的葬俗、社会和宗教习俗。第二,玉、石器以及器物上的纹饰,颇能引起考古学家的兴趣。第三,出土的大量陶片,为研究四川古代陶器提供了重要资料……我们已经指出,那个令人瞩目的发现是在一个挖掘七英尺长、三英尺深的墓坑内(葛认为,三星堆遗址器物坑为随葬坑)出土的,而且几乎所有的墓葬大小大致如此。玉刀、玉凿、玉剑、方玉以及玉璧等礼品,周代时均系死者的随葬品,玉珠也为死者的随葬物。如果我们假设它是古墓这个结论正确的话,我们认为在四川古墓中发现的器物,大约为公元前1000年的时期。墓坑里发现的器物有绿松石、绿石或粗糙的穿孔玉珠。从玉珠的两端进行钻孔,接近玉珠半心处的孔径较小。另外还有80多件小青玉片,因为考虑到它们一般作为装饰品粘牢在木制或皮制品上,没有串联或缝入的孔洞。这些玉刀、玉剑、玉凿等显然是祭祀用的。周代实行祭祀天地大典时,方玉象征地,玉璧代表天……目前的这些资料,也只能停留在暂时假设阶段,待将来找到更多的考古证据,以及广汉收藏品极为详细的第一手材料与中国其他地区的早期收藏品比较后,再来改变或确定结论。我们考虑广汉文化下限系周代初期,大约公元前1100年;但是更多的证据可以把它提前一个时期,其上限为金

石并用时代。我们这次在四川广汉县遗址发现的玉器、随葬物和陶器系年代很早的标本。

参加1934年考古发掘的工作人员合影

此时，出生于四川的我国著名历史学家、考古学家、文学家郭沫若身在日本，当他得知故乡发现古蜀文化遗址和器物后，欣喜若狂，立即飞鸿林名均和葛维汉索要广汉发掘的全部照片和器物图形。资料寄去后，郭沫若经过认真的研究，写信向林名均谈了他对古蜀历史及"汉州遗址"的整体看法，表达出他对四川古代历史的殷殷关切和痴迷之情：

……我希望将来你们能取得更大的成绩，研究古代的遗迹和建筑、雕刻、坟墓和洞穴。这一工作将产生丰硕的成果。与此同时，我也希望今后会有一系列的发掘以探索四川史前史，包括民族、风俗以及它们与中国其他区相接触的历史。这些都是十分重要的问题。我很遗憾，我不能归国协助你们的发掘。你们在汉州发现的器物，如玉璧、玉璋、玉圭均与华北、华中者相似。这就是古代西蜀曾与华中、华北有过文化接触的证明。蜀这一名称曾先发现于商代的甲骨文，当周人克商时，蜀人曾经前往相助。此外，汉州的陶器也是属于早期的类型。你们认为汉州遗址的时代大约是西周初期的推测可能是正确的。如果四川其他的地方尚有发掘，它们将显示出此文化分布的区域，并提供更多的可靠的依据……

辽阔之城

三星堆遗址从大的地理学角度讲，其实是位于成都平原北部沱江冲积扇上的一块台地。它距成都约为 40 公里，距离广汉市区仅 7 公里，遗址总面积达 12 平方公里，可谓是辽阔之至。即使与当时中原地区商王朝的都城偃师和郑州商城相比，也毫不逊色，甚至有过之而无不及。从文化的发源和产生看，三星堆遗址应属典型的平原文明或河流冲积扇文明，与高原文明或海洋文明有着显著的差异。在遗址的腹心地带，也就是现在的西泉坎子、月亮湾、真武村、三星堆范围内，为三星堆古城

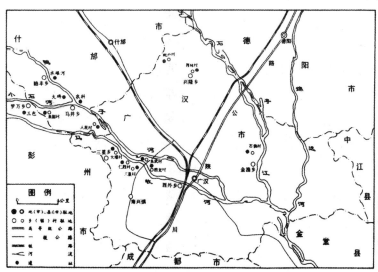

三星堆遗址周围地区商周遗址分布图

遗址分布区，其东、西、南三面至今保存着夯土城墙的残垣断壁，似乎在无声地述说着时间的流逝和昔日的辉煌。

像所有被废弃了的古代文明现场一样，我们从三星堆遗址的表面看不清这种文明的实质和内核，我们只能目睹到一种荒凉，一切似乎都在时间的河流中消失得无影无踪了。然而现在，通过考古学家们的一次次努力，代表古蜀文明非凡高度的三星堆古城又渐渐被揭示出来，我们除了能够瞻仰遗址的荒凉和萧瑟，还能进入它的内部，看清数千年前的文明结构和表现形式。

近年来的考古发掘和研究表明，三星堆古城绝非是一座一般性的聚落城址，而应是三星堆文化阶段的政治、经济、文化中心。在此，曾经居住和生活着古蜀王国的最高统治阶层——一位手持金杖、常常在祭祀大典上发表演说和主持仪式的人。他的头上戴着缀满黄金饰物的高冠，性情温和，表情肃穆（历代蜀王中似乎没有暴君和性格上的变态者），深谙占卜和天象，同时也懂得关心人民的疾苦，懂得怎样治理洪水和从事农业生产。

从三星堆文化的地层堆积和器物出土情况分析，这是一座曾经欣欣向荣的、连续使用长达两千年的古代城址，时间跨度从新石器时代持续到商代晚期或西周早期，中间没有出现过断裂的痕迹。因此，它的文化发展脉络清晰可见。以日常生活中最常见的器物——陶器为例，考古学家们把三星堆文化分为了四个连续发展的时期。第一个时期为新石器时代晚期，陶器以泥质灰陶为主，次为夹砂褐陶和灰黄陶；第二个时期为夏至商代前期，陶器以夹砂褐陶为主，新出现的器形有喇叭形大口罐、盂、圈足盘等；第三个时期为商代中期，陶器仍以夹砂褐陶为主，但泥质陶的比例较上一期有所下降，泥质橙黄陶基本消失，器形主要有小平底罐、高柄豆、圈足豆、圈足盘等；第四个时期为商末周初时期，陶器以夹砂褐陶为主，夹砂灰陶次之，泥质灰陶的比例有所增加，器形除前几期的小平底罐、高柄豆、杯、勺等，尖底罐和蓬斗状的竹节把豆较为流行，三足形炊器至该期的后一阶段基本消失。到了三星堆文化晚期，该遗址呈现出的国家形态已十分鲜明，我们从数次发掘的结果中可以感知这一信息，如：双手倒缚、双膝下跪的奴隶石雕像，宫殿类建筑和排水设施，宽阔的高大城墙，各种金属质地的综合性祭祀用品，强大的国力等，这一切使得三四千年以前的成都平原呈现出人类繁衍生息的热闹景象。

西城墙现状

座废弃的城址所能带给我们的思索还远不止于此。三星堆遗址被城墙圈定的范围共有 2.6 平方公里，如今在它的东、西、南三面仍然仁立着残缺不全的夯土城墙。东城墙残长约 1090 米，南城墙残长约 1150 米，西城墙残长约 650 米。经过考古学家的复原、推测，东、西城墙原有长度应为 1700 米，南城墙应为 2000 米。北部目前看不到人工夯筑的城墙遗迹，可能已被鸭子河冲毁，或者是当时三星堆古城北部根本就没修城墙，而是以湍急的河流作为这座城市的天然屏障，以此构成一个三面环墙一面临水的城市布局。根据考古学家对该遗址城墙的解剖，我们发现它的横断面呈梯形，下部墙基宽约 40 米，顶部残宽约为 20 余米，可谓是一项艰巨浩繁的工程。由于当时取土量非常大，在墙体外侧竟然挖出了一道深深的沟壕，使得该区域这一时期的地层和文化堆积遭到破坏，以致考古学家在此区域很难找到早些时候的文化遗存。

值得注意的是，在长约 2000 米、宽约 1700 米的三星堆"外城"内，还筑有一圈内城，如今残留的名为"三星堆"的三个土墩，即是当时内城墙的一部分。这种大城套小城的城市建筑格局，让人想起古代长安城的森严布局和"内外有别"的皇权意识，反映出古蜀人对城市建设和管理的最初构想。沿着三星堆古城的中轴线，考古学家们发现了文化堆积异常丰厚的四块台地，即三星堆、月亮湾、真武宫和西泉坎子。1929 年春天燕道诚发现的玉石器坑，以及 1986 年发现并发掘的两个堆积着古蜀礼器的祭祀坑，都位于这条中轴线上。这一事实表明，该区域应为三星堆古蜀王国之"内皇城"或宫殿区。而在别的区域，考古学家们陆续发现了大量的木骨泥墙式小房子、陶质酒器和食器、小型墓穴和窑址等，透露出寻常巷陌间浓重的市民生活气息。

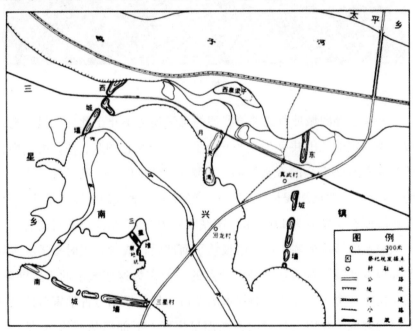

三星堆遗址分布图

三星堆遗址城墙的修筑方法，较同一时期其他地区的大型建筑更为先进。它的底部采用土坯砖奠基，然后再添加散土加宽夯实，一层层垒筑至顶部，这一方法无疑开创了中国城墙建筑史的先河。按照常规来说，城墙的主要功能在于防御，就像中国的万里长城和各大古都都曾有过的城墙一样。但三星堆城墙的构筑却给我们提供了另外一种可能性，即除开防御还有另外的用途。从三星堆现存古城墙分析，它的顶部宽度几乎为底部宽度的二分之一。也就是说，它的墙面不是垂直或接近于垂直的，而是形成了一定的坡度，这种坡度对于防御而言，恰是破绽和要害所在。根据三星堆现有地形地势、河流分布以及文献所透露的点滴信息来看，三星堆城墙应兼有"防洪大堤"的功能。

我们知道，在李冰治理都江堰以前，洪水一直是成都平原最主要的自然灾害。从考古发掘和文献记载中可以得知，洪水在这块冲积平原上纵横肆虐的情况时有发生，当时的人们还没有足够的经验采取疏导的方法治水，而是采用更为原始笨拙的"堵"或"拦截"的方法。在三星堆遗址，我们至今仍能看到河流冲毁城墙、从城中肆意穿过留下的痕迹。马牧河（现已干涸）曾经从城址的西南角闯入，一直流到西北角，再折回东南方，最后从城址的东南角突出城外。这一次洪水肆虐，在三星堆古城内形成一个弯曲的"几"字形冲击沟。如今在洪水曾经流经的区域，尚存 660—1000 米宽的低洼地带。洪水带走了该区域内的泥土和文化层，使得考古学家们很难在这些低洼地带有所收获。《三星堆祭祀坑》曾经这样描述该现象："马牧河从三星堆遗址西南方流来，形成几字形的弯道穿越三星堆遗址，经遗址东南流入沱江。三星堆遗址北面的真武宫、月亮湾阶地，以及马牧河弯道内侧的阶地三星堆一带，异常开阔，文化堆积较厚，内涵十分丰富。遗址堆积的主要部分是在这三处阶地上。"

通过考古发掘进一步证实，马牧河内侧及三星堆以南阶地，有一层厚约 20—50 厘米的淤泥，颜色呈青黑色，包含物极少，明显是洪水泛滥后留下的痕迹。居住在三星堆的古蜀人试图用城墙般的大堤来挡住洪

水，但是洪水撕破了这道防线，并且像突入羊圈的狮虎一样，纵横肆虐一番之后，又从另一个方向逃离了。至于这场洪水与三星堆古城的废弃有何关联，我们会在以后的篇章中逐步解密。

震惊世界的两个"祭祀坑"

三星堆古蜀文化遗址由沉寂到蜚声海内外，最主要的原因还应归功于1986年夏天两个震惊世界的"祭祀坑"的发现。坑中文化含量极高的出土物，仿佛是经过高度浓缩的古蜀文化信息库，一经发现和揭示，立即引起轰动。在此之前，恐怕没有多少人会想到在中国西南内陆一隅，尚有如此辉煌发达的古代青铜文化存在；而且，这种文化的地域因素使得它在和当时占主导地位的中原商周文化相互抗衡时，显示出了极强的生命力和多少有些"另类"的文化面貌。

1986年夏天对于四川乃至中国考古学界都是一个特殊的年份。7月18日，砖厂工人顶着烈日在三星堆遗址内取土做砖坯——当时遗址范围内建有多座砖厂，高大的烟囱日夜冒着滚滚的浓烟，这里大量的堆土和黏稠的土质，使得当地农村拥有开办砖厂的绝佳条件。上午8时许，砖厂工人杨远洪、刘光才站在已取过泥土的低洼地向高处猛挖。忽然间，锄头落下时，溅起了一些很脆很亮的东西，像是一只薄薄的花瓶摔在地上打碎了。他们停下来一看，原来是一根长约40厘米的玉璋被拦腰击碎了，从碎裂的端口可以看清这是一块墨绿色的好玉。他们蹲下身子，像扒在门缝窥视似的看了半天，发现这是一个土坑的一角；里面似乎还叠压着更多的精美器物——这就是著名的、后来被发掘者命名为"一号祭祀坑"的发现过程。

该坑位于俗称是"三星堆"的三个土墩以南50—60米处，距离南边的城墙尚有300—400米，也即是说，它正好处于内城墙和外城墙之间的空地上，相对靠近内城一些。砖厂工人立即停止取土，他们的头脑中闪现出邻居燕道诚在1929年春天发现玉石器坑的情景。难道这又是一坑非常值钱的"广汉玉器"么？由于事情重大，他们立即把这个消息报告给当时正在砖厂清理考古资料的四川省文物考古研究所田野考古人员（由于大量取土，常有文物被发现，因此考古学家们长期驻扎此地清理文物，没想到本来是极平常的"守株待兔"，却捕获了一头生猛的"大象"）。考古学家们小跑着赶至现场，经初步观察断定：这儿极可能有重大的考古发现！因此，他们立即将该区域封闭，随即进行了抢救性发掘。

发掘工作从 7 月 18 日持续到 8 月 14 日，这是怎样的 27 个令人难忘

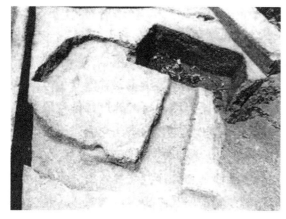

一号祭祀坑全貌

的日日夜夜啊！考古发掘工作者仿佛是在梦中游历了古蜀王国最华美精致的殿堂。考古学家们都很清楚，一个人一生能够遇到一次这样的发掘即算荣幸，因为它在顷刻间推开了一扇通向古蜀文明的大门，那些琳琅满目的古蜀器物似喷涌一般出现在考古现场：闻所未闻的、精美到极点的青铜器、玉器、金器，造型奇特的风格，难以理喻的埋藏方式……

这一切把在场的所有人都震慑住了。我曾经仔细观察过一张一号祭祀坑被揭露以后拍摄的照片，那是一张从长方形坑的坑口方向拍摄的全景，照片中那些散布于褐黄色泥土或灰白色（少许显蓝黑色）动物骨渣中的器物数不胜数，弯曲发白的是象牙，光滑斑斓的是玉璋、玉戈，铜人头像和铜面具则显示出金属特有的沉重质地。它们的分布又非想象中的杂乱无章，看得出是经过事先分类，然后才倾倒入坑的。"一号坑"中最引人注目的是一根长达 1.42 米的金杖。从照片上看，它就像一条金黄色的蛇所褪下的皮，因为被包裹在中间的木棍已因碳化而消失，只留下一具闪闪发亮的外壳，像是努力地在向我们证明着什么。

整个发掘过程几乎是在极度亢奋的状态下完成的。虽然当时正值盛

夏，酷热难当，白天有烈日，晚上有蚊虫，但考古学家们好像把这一切都忘了，只是感觉到从未体验过的兴奋和过瘾。就在"一号坑"发掘清理工作结束的当天，另一个更加惊人的消息传来：砖厂工人又在距"一号坑"东南仅 30 米处发现了"二号坑"！

这真是一次锦上添花、漆上描彩的大惊喜、大发现，仿佛是上苍的格外恩赐。"二号坑"不光比"一号坑"出土器物多出两倍有余（"一号坑"出土 420 件，"二号坑"出土 1300 件），而且器物以罕见的大中型青铜礼器为主，反映出古蜀国强大的国家力量和高超的铸造工艺。当"二号坑"表面的夯土被揭示和清理以后，67 根完整的象牙像钢琴的琴键一样清晰地映入发掘人员的眼帘。象牙以下，则是沙丁鱼罐头一般的满满一坑青铜器、玉器、金器和石器。那尊著名的"青铜大立人像"出土时，在不算太宽的坑沿上，三四个人并排站在一起，连同坑下的三个人，一共是六七双手才把这个庞然大物缓缓地托了起来。尽管这尊"青铜大立人像"出土时已从腰部残断并分置两处，但它沉甸甸的分量依然能让人感知，这是目前世界上所发现的最大、最完整的青铜大立人像，加上基座通高 262 厘米，重 180 公斤，可谓举世无双。

"二号坑"的发掘清理工作从 8 月 20 日持续到 9 月 17 日，一共花了 28 天的时间。自此以后，三星堆古蜀文明从这两个小小的土坑中（"一号坑"底部长 4.01 米，宽 2.8 米，深 1.46—1.64 米；"二号坑"底部长 5 米，宽 2—2.21 米，深 1.4—1.68 米）复苏并以极快的速度名扬天下，无数的专家学者为研究它废寝忘食，无数的观众为之流连忘返。

二号祭祀坑出土全貌

一号祭祀坑青铜人头像、青铜尊、瓿、瑷、玉石斧、锛、凿、
象牙白齿等的出土情况

　　"一号坑"内埋藏的器物有铜器、金器、玉器、琥珀、石器、陶器
等共420件，另有骨器残片10件，象牙13根，海贝62枚以及约3立

方米的烧骨碎渣。这些遗物大部分堆放在坑的西南、东南面及南角靠近坑壁一线，北角和西北、东北面较少。玉戈、玉璋等形制较大的玉石器主要集中分布在坑的东角和东南坑壁一侧，相互重叠放置。玉凿、玉锛、石斧、玉斧等形体较小的玉石器多分布在坑的西角，坑中部亦散见少量的玉石器。铜瑗、铜戈、尖底盏、器座等，与烧骨渣混杂在一起，在坑的南角及东南靠近坑壁一线呈斜坡状堆积。铜器中的人头像、人面具、人面像、瓿、尊、盘、器盖等形体较大的器物主要分布在坑中部至西北一线。金杖出于坑的中部以西。象牙主要在坑中部，略呈一线分布。象的臼齿混杂于烧骨渣中，较为集中地分布于坑的南角。骨渣由坑南、东南向北、西北呈斜坡状堆积，东南面及南角堆积厚达 0.6—0.8 米，而西北和北面靠近坑边一线仅 0.05 米厚。

从坑内遗物的分布情况分析，各类器物均是从坑的西南角和南部向下倾倒，这样便使形体较大且易于滚动的器物，如铜人头像、铜面具、瓿、尊、盘等，滚落至坑的中部至西北一线，小件器物和不易滚动之器物则堆积在西南角和南部。根据坑中遗物的堆积情况，遗物倾倒亦有先后顺序：首先倒入的是玉石器和金器，接着是铜人头像、铜人面像、铜人面具、神像和瓿、尊等，然后是混杂有玉石器和铜戈、铜瑗、陶尖底盏、陶器座在内的骨渣，最后放入了玉璋、玉戈等大型玉石器以及部分陶尖底盏、陶器座等，象牙可能是与骨渣混在一起倒入坑中的。

大多数器物有明显的火烧痕迹，如完整的象牙一端或一侧被火烧焦发黑，铜容器全部被火烧残，如瓿、尊、盘、器盖等，大多一侧或一端被烧成半熔化状，有的器物甚至熔化成团；铜头像颈部熔化并向上翻卷，有的仅存头顶局部；铜戈、铜瑗等甚至有相互熔黏一起。有的烧成饼状或团状，已不能辨识其器形。玉石器也多有火烧的痕迹，许多残断的玉石散落坑中。

"二号坑"出土遗物 1300 件，其中青铜器 735 件，金器 61 件，玉器 486 件，绿松石 3 件，石器 15 件。另外还有象牙器残片 4 件，象牙珠 120 颗，虎牙 3 枚，象牙 67 根，海贝约 4600 枚。该坑遗物 分上、中、下三层。最下一层主要是小型青铜器和饰件，还有玉戈、玉璋、石戈等。小型青铜器和饰件有神坛、神殿、小神树、小人像、眼形器、兽面、铜瑗、铜戚、铜铃、铃架及挂饰、蛇形饰、龙形饰、鸟形

二号祭祀坑在揭取象牙后的青铜器堆积全貌

饰、铜箔、金箔鱼形饰等。坑底东南还有一些草木灰和经火烧过的海贝。铜挂饰较集中地放置于坑的东北边。兽面、玉戈、玉璋、石戈等较集中地放置于坑的西面，其中兽面具、玉戈和玉璋整齐叠放在一起。中层全部为青铜器，主要有青铜立人像、人头像、人面像、人面具、兽面具、尊、车轮形器、大型神树等。这些器物出土时，没有一定的规律，仰覆均有。上层是60余根象牙散乱地堆置在青铜器上。以上三层遗物代表了当初投放的先后次序。

那尊"青铜大立人像"由腰部折断，上半段在坑的中部、下半段在坑的西北部，被压在青铜树下。尊等青铜容器主要在坑的东南角和东北角，大部分容器外涂有朱色颜料，器内装有海贝和玉石器等。青铜兽面分布于坑的西北角，与大量海贝放在一起。青铜人头像和人面具主要分布于坑的四周，坑的中部也有少量人头像，有的人头像内装海贝。部分人头像和人面具毁损或经过火烧，人面具被毁更甚，有的器物碎成数块，散落在坑的不同位置。多数器物在入坑前估计已经被故意砸碎，也有一些是在夯填时被砸碎的。

读者可能已经注意到这样一个事实，即：两坑器物的埋藏情况都"不正常"，或者说有许多令人疑惑的地方。为什么所有的器物事先都经

过火烧和人为的毁损，然后才分批分类倾倒入坑呢？例如，"一号坑"出土器物均粘有火烧过的骨渣，大多数器物有明显的火烧痕迹，象牙一端或一侧被火烧焦发黑，铜容器全部被火烧残；铜头像的颈部被火熔化后像盛开的花朵一样向上翻卷，甚至少数头像只剩头顶上一圈盖子；铜瑗等小型铜器则因高温而熔化，像烙饼或馄饨一样粘连在一起。为什么人们要如此粗暴地对待这些平时和神灵供奉在一起的精美礼器？难道两者间真有不共戴天的血海深仇？

"二号坑"也同样是这种触目惊心的场面。那尊高大神圣的青铜大立人像和青铜神树均被无情地砸烂，树上的小型饰件、树叶、太阳鸟等四处滚落；部分人头像和人面具也被故意砸坏或经火燔燎，其中的人面具被毁情况尤为严重，有的已酥裂成数块。

可以想象，这种"不正常"的埋藏方式，一定是在某种紧急而特殊的情况下发生的。是因为惨烈的战争、凶猛的洪水、突如其来的灾祸还是无可逃避的瘟疫？是因为古蜀人已经厌倦了这块土地以及依附在这块土地上的神殿吗？或者……总之，推测当时的情景一定令人深感不安。这一事实大概牵涉到古蜀历史上的一件隐秘大事：是改朝换代，还是弃旧图新？是自我毁灭，还是另谋生路？所有这些问题无疑已经引起读者的强烈兴趣，有关它们的答案，我们将在以后的篇章中逐步推出。

文明的恩赐
——抚摸从沉睡中苏醒的千年古物

象牙之重

"一号坑"和"二号坑"一共出土象牙70余枚，如此众多的象牙被同时发现，这在世界考古史上亦属罕见。虽然经历了3000多年漫长岁月的埋藏与腐蚀，它们的外观已失去坚硬的质地和晶莹的色泽，但它们毕竟是从30多头大象身上取下来的，又经历了那么漫长的时光，因而也显得弥足珍贵。

据动物学家鉴定，三星堆象牙均出自亚洲象。

至于这批象牙的来历，考古学家们普遍认为它们应产自蜀中，也就是说，是从生活在成都平原的本地象身上取下来的，而并非来自什么遥远的印度或云南。我们知道，大象是现代动物中个体最大的陆生哺乳类动物，现代象又被分成两个种类，一类是亚洲象，另一类是非洲象。亚洲象主要分布于印度、巴基斯坦、孟加拉、泰国、缅甸、越南及我国的云南等地。有趣的是，亚洲象中仅有雄象长有牙齿，而非洲象则不论雌雄，均长有两只长长的锐利白牙。因此，当我们站在三星堆祭祀坑前端详这些象牙时，视野中就不仅活动着三十几头昂着头扇着大耳朵的公象，还应同时包含许多温顺的母象。

近年来的考古材料显示，在史前以及先秦时代，我国大陆的广袤区域都有大象成群出没，它们像其他更为普通的动物一样，一直与人类保持着亲密友好的关系。1976年，在河南安阳发掘的"妇好墓"即发现随葬的象牙雕刻品数件，它们都是用同一只象牙精雕细琢而成，其中有两件是象牙杯子，一件是笔筒状的"筒形器"，所有器形的表面都刻着异常精美的纹饰。同样，在山东大汶口文化遗址中，也发现用整根象牙切割雕镂的"象牙雕筒"和象牙琮。而在就近的四川巫山大溪文化遗址墓葬中，用象牙做成的耳饰、臂饰、项饰也很普遍；墓葬被揭露时，我们甚至看到朽蚀的骷髅臂上仍完好地戴着象牙手镯，骷髅的头部下面竟然枕着一只完整的象牙！以上资料表明，从新石器时代至殷商末期，中国大陆从南到北都曾经活动着大象矫健的身影。

二号祭祀坑出土的象牙及器物一角

长江流域自古出产大象，这在史籍中有明白无误的记载。如《山海经·中山经》就说："岷山，江水出焉……其兽多犀、象。"倘若再结合古地质学进行复原推测，那么我们可以重温以下情景：古蜀时期成都平原的自然地貌相当潮湿、原始，在高大丛林和密布的沼泽地中生活着一群群的犀牛和大象，古蜀人常常携带着箭镞和别的武器，离开居住的城池前往丛林捕猎。在后来发现的金沙遗址中，我们可以看到整根整根的象牙、枝杈状的鹿角，以及各类动物的牙齿和骨骼堆积如山的壮观场面；从三星堆两个祭祀坑出土的数立方米的被焚化的动物骨渣中就有大象的门齿和臼齿。据《文史杂志》记载，成都古代甚至发生过猛烈的"象群大战"。直到清代末期，在成都平原附近的龙泉山脉简阳县境内，仍发现过野象的踪影，当地村民用锄头、棍棒把这只来历不明的大象击毙后，还把它的牙齿挂在墙壁上作为辟邪之物加以展示。可以说，三四千年前的成都平原是一个巨大而开阔的动物乐园。

当然，现在已经没人知道这70多枚象牙是通过长期的狩猎逐渐积累起来的，还是古蜀人把驯养的30多头公象一次性宰杀（古蜀人已经有充足的驯养动物的经验和能力）。万一它们同时遭到不幸的屠杀，那么，肉和骨头是否可以供整个三星堆古城的人吃上半年？

前面我们已经谈到，这批象牙出土时均经过火的燔燎，有的还插在铜头像的颅内，大部分叠压在青铜器（大型立人像、人面像、人头像、青铜神树、尊、罍等）和玉石器上面，演绎出一种特殊的含义。有一种观点认为，这些象牙是在行使一种巫术的权利，它们对坑内大量的祭祀礼器起着"镇"和"压"的作用。换句话说，坑内祭祀礼器的拥有者和埋藏者可能是来自两方面的敌对势力，王朝的更替使得这些国之重器被埋藏、被镇压，遭受到前所未有的屈辱和惩罚。恰恰在中国历史上，象牙就具有这种"厌胜"的巫术作用。古人们相信，象的神通广大足以驱邪镇魔。种种迹象表明，三星堆两个祭祀坑具有和普通祭祀坑完全不同的含义，它的特殊性和神秘性事关古蜀历史的转折。从古史传说资料入手分析，古蜀历史上大的政局变革有三次。一次是杜宇取代鱼凫，一次是开明取代杜宇，还有一次则是众所周知的秦国灭蜀。这三次变革中尤以后两次最为惨烈，因为开明和秦都非蜀国本土民族。因此有学者推测，三星堆祭祀坑可能是开明取代杜宇或杜宇取代鱼凫时遗留下来的"厌胜"坑。

但是随着金沙遗址的意外发现，一切旧的、传统的看法也随之得以调整。如此看来，有关古蜀历史的连接和恢复还得以考古资料作为第一依据，文献只能起到印证和辅助的作用。从三星堆到金沙，我们发现了一条古蜀文化紧密相连的纽带，二者间的文化脉络是如此的清晰和一致。这是否从另一个侧面提醒我们：三星堆文明并非毁于战事，而是由于古蜀人舍弃了旧的家园，重新迁到了一个新居。当旧的家园已不适合他们的生存壮大，当洪水在城墙外时时发出威胁的怒吼，那么，他们的泪别故乡已成宿命。但人虽然远走他乡了，可这块生我养我的土地不应当祭祀么？毕竟它养育了这个民族上千年啊。

千里迢迢的海贝

　　一提起海贝，我们就会想起拂面而来的略带咸味的海风，以及海滩上辉映着夕阳的洁净细腻的沙子，许多海洋生物被海潮冲上来，其中就有海贝。

扇贝挂饰

　　海贝在三星堆祭祀坑的出土，虽然不像青铜礼器那般引人注目，但也有丰富的文化内涵和重要的研究价值。据考古学家统计，"一号坑"出土海贝620枚，"二号坑"出土海贝4600枚。出土时它们大多装在青铜头像和各种礼器之内，少量散落在坑中其他地方。古生物学家对之进行仔细鉴定以后得出结论：这批海贝共分成三种不同的类型——第一种类型叫"虎斑宝贝"，长度约为3厘米，背部生长着棕色的虎纹斑点；第二种类型叫"货贝"，长度为1.5厘米左右，外形像一枚鸟蛋，正面和背面分布着黄褐、灰绿及红色的斑纹；第三种类型叫"环纹货贝"，是三种海贝中出土数量最多的一种，外观玲珑，大小只有"虎斑宝贝"的三分之一，贝身环纹呈淡褐色或浅灰色。以上三种贝类均产自热带或亚热带地区浅海中，尤以印度洋周边最为常见，我国的近海和内陆湖泊都不出产这种贝类。由此可知，三星堆海贝的出土已把本来毫不相干的印度文明和古蜀文明连接在一起了。

在商周时期，我国中原曾有大量以海贝作为货币的文献记录，从已经出土的一些墓葬来看，海贝曾经作为珍贵的陪葬器物。例如，河南安阳小屯村"妇好墓"就曾一次性出土海贝6800余枚；郑州白家庄一个奴隶主的墓葬也曾发现殷商时期的穿孔贝460余枚。海贝在商周时期，是作为一种货币在我国广大地区流行的。这些既小巧轻便又美观耐用的海贝被线穿作"朋"，挂在商人或骆驼的脖子上晃荡着，穿越几千年前的沙漠、丛林和城市，频繁地在一桩桩交易中流通着。

自从三星堆祭祀坑发现数千枚海贝以来，研究者们自然把目光集中到货币和商品交易上，认为这些海贝有可能是从两条线路进入古蜀人生活区的。一条是通过湍急的长江水系，古蜀国在与中原贸易或互赠互访活动中积累起了这些海贝；另一条线路则是由国际贸易商沿着著名的"南方丝绸之路"，穿越永昌、大理、昆明、曲靖、宜宾，千里迢迢到达成都，他们用海贝换走了蜀人的丝绸和漆器。无论这两条线路中哪一条更符合当时的地理和交通环境，有一点是可以肯定的，那就是古蜀人曾经与外界文化有着广泛密切的联系。

也有一种意见认为，既然"一号坑"出土的海贝大多装在铜人头像颈部呈倒三角形的空间内，"二号坑"出土的海贝大多数也装在祭祀用的青铜礼器中，这是否向人们暗示了这样一个事实，即：这些海贝与青铜礼器的关系应当是不可分割的整体，它们的功能和"指向"应趋于一致。换句话说，三星堆海贝应具有祭祀和供奉神灵的作用。再从海贝多数背部被磨穿这一点推测，它们在埋藏前，就极可能是用绳索穿起来挂在铜人头像颈部的。

第三种意见认为，这些用线穿作"朋"的海贝，可能是古蜀人身上佩戴的饰物。因为三星堆出土的人像唇部都涂着朱砂，用现在的话说就是涂了口红，这表明古蜀人爱美之心甚切。

实际上，无论把三星堆出土海贝的功能归结为货币、财富、饰品或祭祀用的礼器都不矛盾，因为中国古代祭祀时使用的礼器都是不同寻常的贵重物品，用钱币、金银进行祭祀和陪葬都很常见。倘若我们要对三星堆祭祀坑各类器物进行意象上的总体描述和概括，那么可以使用如下语句：这是古蜀人正在演奏的一部大型祭祀主题交响曲，管乐和弦乐包括象牙、海贝、玉琮、玉璋、铜尊等。指挥是青铜大立人像，他穿着一件背后开衩的长大的燕尾服，手里拿着一根金杖在指挥。乐队成员包括青铜人头像、青铜人面具、兽面具、奴隶石雕等，他们全都化着浓重的舞台妆。背景是伫立起的一棵高大的青铜神树……演出开始时，燃起了恰似霓虹灯的燔燎的火光，再加上猛烈的打击乐式的敲击破裂声，一首悲怆婉转、回肠荡气的曲子流了出来。这时候，每一种乐器、每一个演员、每一束灯光、每一组布景都是和谐而生动的。它们虽然各自为政，各司其职，但都是为了同一个主题而忙碌。

青铜面具与人头像

众所周知，中国殷商时期的青铜文化在总体风格上讲究的是四平八稳、重若泰山，中原地区发现的超大型的鼎和罍就是这种文化的代表，这是殷商时期的统治者们妄想王权千年稳固的青铜之梦。而古蜀文化中的"青铜之梦"则不具备这种稳固的理性；相反，它们显得更为自由诡秘、飘逸大胆，想象力十分丰富、奇特（著名考古学家孙华先生就说，中国南方的古代器物具有头重脚轻的特点）。当然，人们在面对古蜀文化中的这些青铜头像和面具时，很容易想起古老的印度文明和埃及文明，因为在近东和西亚，国外的考古学家已为我们揭示过这种神秘的青铜文化类别。比如，在美索不达米亚地区就发现了公元前 30 世纪的青铜人头像，埃及古王国也有用青铜铸造人头像的历史，古代印度文明、爱琴海文明同样以青铜"面具文化"和"头像文化"著称；在伊拉克，人们甚至还发现头部和双臂都用金箔包裹的人物雕像；西亚古代艺术中的雕塑品，也常常覆盖薄如蝉翼的金箔。这些和三星堆的人头像、面具，以及部分人头像上的金面罩是不是很相像呢？

而且，三星堆出土青铜人头像和面具，其造型特征已经明显脱离中国人（或古蜀人）的面部特征，更多地趋向于欧洲或西亚人种，凸显着一股异国情调；它们的脸不是一团和气的东方面孔，而是棱角分明、线条粗犷陷于沉思的那种，这是个难以解释清楚的现象。

同时，三星堆青铜文明让我们首先看到的就是它的巅峰状态，并没有把它的发展过程展示给我们。根据考古学家们长期的经验，在三星堆灿烂的青铜文明出现以前，还应当有一个"泥塑像"或"木雕像"的试验摸索阶段；或者应该出土一些粗糙的青铜试制品。但这一切我们都无缘目睹。究其原因，是因为古蜀人一开始就把手艺操练得如此娴熟，还是因为我们至今仍没有发现那些早已被扔进垃圾堆的试制品？无论如何，这些神秘的人头像和面具不会突兀而来，它们的产生只可能有两种途径：一是从外部文化移植或借鉴过来，一是真正的蜀人造。判断这两种可能性时我们必须注意这样一个事实：古蜀文明毕竟是传统中原文明以外的一种，蜀人的创造力、想象力和发明能力完全有可能超越我们的想象，显得突兀又有什么奇怪的？

三星堆两个祭祀坑一共出土青铜人形面具 22 件、青铜人头像 57 件。

人头像一般高 40—50 厘米，最小的一件仅有 10 多厘米。它们的鼻子很高很大；嘴几乎咧到耳根部位；眉毛以夸张的姿态斜着上扬，几乎占据了额头的"半壁江山"；眼睛是斜竖着的三角

青铜人形面具

大眼，目光稍微向下，既像是沉思默想，又像在俯视着芸芸众生；耳朵大而张扬；整个面部特征有一种轮廓分明的阳刚之美，比中国人的五官更突出、更严厉和深沉。虽然多数人认为它们不一定是写实的作品，因为神灵或偶像总是出于人们的凭空想象，但我们不要忘了，这组人头像是和中国传统寺庙里的造像截然不同的，风格大相径庭。

青铜人头像

因此我们说，三星堆青铜人头像是人而不是神，它们身上透露出的人的生活气息覆盖了神的气息。比如：肥厚的耳朵都有圆形的穿孔，额头上刻画着清晰的发际线，脑后的发饰分成辫发、椎髻和短发三种；所有头像的面部、头部都残留着的口唇朱砂和发饰黑彩。也就是说，这些头像最初是蛮漂亮的，都有着乌黑的发辫和鲜红的嘴唇，像是一位坐在轿子里等待出阁的新娘。"二号坑"还有一件头像被格外地施加了浓墨重彩，它的眼眶被黑彩涂过，耳孔、鼻孔和口缝一律用朱砂遍抹。几乎所有头像的发饰都有着或多或少的差异，这种差异令人想起人群里面细微的个体差别，而真正的神偶除了一张模糊的面影外，会有如此生动、细致的差别吗？

三星堆青铜人头像和面具在造型上没有完全一样的，因为它们各有各的模具，绝不重复或类同，只保持大体相同的风格。每尊人头像的下方（颈部）有一个倒三角形的利锥，据推测，是便于插在木质或泥塑躯体上，以利于并排陈列于神坛四周。它们可能是古蜀民族大联盟的群体象征，每一尊头像都代表了一个部族的祖先神偶，他们长时间待在宽大而幽深的神殿内，像一排默默无闻的已故的祖先。

三星堆出土的人形面具，与前面所谈到的人头雕像在造型风格上也是基本一致的，即浓眉大眼，耳朵外张，鼻翼高耸，耳垂穿孔。为了悬挂方便，还在面具的后部下缘穿孔；面具的眼眶、眼球、眉毛、颧骨处全部抹着黑彩，而口唇部位则涂朱砂。

青铜面具

这些涂着鲜亮的红色和黑色油彩的青铜面具，平日是挂在神殿四周的墙壁上呢，还是集体出现在巫师主持的仪式上？古蜀人会戴上这些面具——像戴上川剧脸谱一样——围着一堆篝火尖叫着跳舞吗？

面具中还有一种"半人半兽"形的面具，值得我们特别关注。虽然在造型风格上，它跟"人形面具"无大的区别，但在眼球和耳朵的塑造上，却是大大地出人意料。它的耳朵呈现出明显的兽类特征，宽大地向两边展开着，形同张开的鸟翅或竖立起来的兽耳，十分夸张。而眼珠则

半人半兽面具

突破眼眶，呈柱状朝前突出，有如蟹目。研究者们从不同的角度阐释了各自的观点，最具代表性的一种观点认为，它是对文献中"蚕丛纵目"最形象的说明。过去，人们对"纵目"的解释各执一词，有人认为它是

额头正中多长了一只眼睛，有人认为"纵目"即是眼睛竖向生长。直到三星堆纵目面具出土，"蚕丛纵目"的典故才被正式定格下来。

传说中的蚕丛是古蜀先王中的一个。华阳国志·蜀志》载："有蜀侯蚕丛，其目纵，始称王。死，作石棺石椁，国人从之，故俗以石棺椁为纵目人冢也。"传说他是蜀中教民养蚕的先驱。尽管蚕丛被古蜀人描绘为半人半神的"超人"角色，但从生理学的角度讲，"纵目"是不现实的，因为眼睛是人体外部器官中最娇嫩的部分，假如眼珠真的呈柱状往外突出，那么它势必会受到日光、树枝、风沙、雨水等外部因素的侵害——除非这个纵目可以像摄影机的镜头一样自由伸缩，但这样的可能性也是微乎其微。因此，"蚕丛纵目"的传说应当是古蜀人对他们部族首领的主观神化。当人类的力量在自然面前还显得

戴金面罩的铜人头像

渺小时，他们就会臆想和造就出本民族的超人或英雄来，以应付一切艰难困苦，进而达到一种心理的平衡和满足。

说起三星堆青铜面具，我们不得不提到那些覆盖在铜人头像上的金面罩。金器本来在三星堆文明中占有突出位置，遗址中一共出土了包括金杖、金面罩、金虎等在内的 100 余件金器，足以构成"青铜文化"之下的一部"金箔文化"。这些人头像上的金面罩薄如蝉翼，异常稳妥地将整个铜头像的面部蒙住，上齐额头，下

青铜纵目人面像

到嘴角，左右将耳朵也包藏在内，整个脸部只镂空眼睛和眉毛，使得头

像在神秘之外又添加了一种高贵。我们甚至可以说，古蜀文化内部本来就包含着一种高贵的气质，它虽然偏安一隅，但却绝没有"夷"或"蛮"的村野气和小家子气，而是具有博大深厚的文化情怀。从后来发现的金沙遗址我们也能看出，黄金的光辉已同青铜、玉器的光辉一起照亮了古蜀人政治、艺术和宗教信仰的殿堂。

一棵高大的青铜神树

这是一棵生长在古蜀文化肥沃土壤之上的参天大树，它的树干挺拔，枝叶蔽日，足以荫覆整个平原的人民和生灵安居乐业。无论是白天还是夜晚，古蜀人只要抬起头来，就能望见这棵伸展在天宇深处的树。树上的果实和铃铛像星星一样发热、发光，树上的神鸟像太阳一样从东边升起又落到西方，周而复始地完成着它的宿命。这是一棵古蜀人的精神之树。

目前我们所看到的这棵青铜神树出自"二号坑"，总高度达396厘米，系由底座、树身和龙三部分组成。最初铸造这棵硕大无朋的青铜神树时，古蜀国的青铜工艺师们考虑到它形体巨大，结构复杂，枝杈众多，因而采用了分段铸造的方法，最后再把一个个"零件"焊接、组装在一起。如今，树枝与树干、树干与基座、龙身与树身之间的焊接点仍清晰可辨。它是中国目前发现的唯一一棵商周时期的青铜神树（"二号坑"还发现了另外两棵青铜神树，但由于埋藏时人为的破坏，它们只剩下200厘米和100厘米的秃枝残干）。

这棵最大的青铜神树在复原以前，亦如被暴风雨袭击过一般，枝干上原来坠着的铜铃、圆形饰件、龟背形饰、扇贝形饰、箕形铜饰、璋形和树叶形金箔饰等狼藉地散布于坑中各处。经过考古学家们的精心修复，我们今天所看到的这棵青铜神树是这样的：首先是底座，外形呈穹隆形，上面绘制着山状图案和几组对称的日形纹、云气纹，象征着云雾缥缈的神山。其次是从这座神山上"生长"出来的神树，树干尤为颀长挺拔。树枝从上至下分成三个层次，每一层生长着三束树枝，枝条朝不同的方向弯曲和悬垂，上面挂满了累累"果实"，还有一只神态机警的神鸟。全树共有 9 只鸟和 27 颗果实，以及许多的铃牌、金叶、玉器等小型的装饰品。树叶全部镂空，仿佛将叶脉都呈现出来。最后，是沿着树干逶迤着向下爬行的一条蛟龙，状若马面的龙头垂向圆盘形的树座，龙尾朝上，矫健的躯体同树干的几个点相连接，游动和爬行的姿态活灵活现。龙是华夏文明最典型的代表，现在它栖息在古蜀文明的青铜之树上。这到底是表明古蜀文明依附于中原文明，还是中原文明依附于古蜀文明？这是一个值得深思的问题。

"二号坑"出土的青铜神树

文献中曾经记载的古代神树有这么几种：一是"建木"，二是"若木"，三就是大家所熟知的"扶桑"。据《山海经》《淮南子》记载，"建木"是生长在蜀地的一种神可以借之上下的通天树。《山海经·海内经》云："南海之内，黑水青山之间……有木，青叶紫茎，玄华黄实，名曰建木，百仞无枝。"《淮南子·坠形训》又云："建木在都广，众帝所自上下。"黑水和都广据考证都在今天的成都平原。那么，既然文献中明明白白记载有这种树，是不是三星堆的青铜神树就是根据这个神话塑造的呢？大多数考古学家认为，它就是蜀人祭祀时引导祖先或神灵降临的"天梯"。假若我们要拍一部古蜀人祭祀场面的科幻电影，其场景可以这样设置：在一个宽阔荒野的祭台上，主持祭礼的巫师穿着华丽的法衣正在主持仪式，只见他双目微闭，口中念念有词。神坛和祭台的四周挂满了各种青铜面具和人头像，参加祭祀的人有官员、百姓和蜀国的君主。这个君主有可能就是文献记载中的鱼凫氏，他的衣服是丝绸的，峨冠博带，长衣飘飘，他的双手正合于胸前默默祈祷。当仪式开始时，那棵挺立于祭坛之中的高大神树立刻笼罩在一团神秘的光中，此时的神树显得比实物更加虚幻高大。随着一阵庄严的乐声，人们所熟知的祖先或神一个个从神树上降临了。他们从遥远的天国降临凡间，是因为听到了人们急切的召唤。人们希望他们能够解决一些实际困难，诸如保佑整个民族兴旺发达，不被卷入可怕的战争，四季风调雨顺，人民安居乐业……

三星堆出土的铜鸟

　　当然，对于这棵青铜神树的理解，学者们也是见仁见智。有人认为它应当是古蜀部落或集团间共同的图腾树，既是蜀王同其他部族结盟的真实写照，又是这个联盟共同拥有的通天树，在当时人们的眼中，它是人类的保护伞和宇宙支柱，意义非同凡响。也有人认为，这棵青铜树并没有如此多的奥秘，它不过是四川地区摇钱树的前身而已，仅仅象征富贵吉祥，别无他意。还有一种意见认为，此树是古代神话中太阳栖止的"扶桑"和"若木"，为太阳崇拜的产物，与祭祀无关。

　　我们知道，神话中的"扶桑"是一棵生长在"汤谷"的宇宙之树，它有几千丈高，一千多围大。传说树上本来栖

二号祭祀坑铜神树上的立鸟

息着 10 只被称作"金乌"的太阳鸟，它们都是天帝"帝俊"和妻子"羲和"所生的 10 个太阳儿子。因为这 10 个儿子火性大，不在水里浸泡着就不行。因此每天羲和都带领它们在汤谷的池塘中沐浴，只准一个儿子到树上去值守。可是有一天，这 10 个顽皮的儿子忽然忘记了妈妈的嘱咐，一齐飞到树上去了。这下子天下就大乱了，绿树和庄稼被烤焦、烤黄，还冒出了火苗。地上那个热呀，人都成了热锅上的蚂蚁。幸好出了一个少年英雄，名叫"后羿"。他见人民饱受煎熬，就立下雄心壮志，一定要把那 9 个不听话的小子给射下来。后羿臂力很大，弓弩娴熟，后来真的站在山巅上射落了 9 只太阳鸟。一时间天下太平，树和庄稼渐渐活过来，长出了绿叶和果实，避免了人间更大的灾难。这就是中国历史上著名的"十日传说"。

三星堆神树上栖止的鸟共有 9 只，鸟的神态还真有那么一点"太阳鸟"的味道。

二号祭祀坑出土的铜铃

以上关于神树的若干种说法，到底哪一种最符合事实真相？我们认为"建木"一说更有道理，因为三星堆祭祀坑出土的所有器物都围绕"祭祀"这一主题展开，我们不能脱离这一基本主题，而单拿一件器物"断章取义"，阐释别的事物。三星堆祭祀坑出土青铜神树的同时，也出土了青铜神坛和神殿，这就是有力的佐证。神坛共有三件，其中一件如叠塔般分为四层，造型极其复杂精美：第一层（也即最下一层）是两只传说中的瑞兽站在底部圈座上；第二层为四个身穿短袖对襟衫的立人，背对着站在一起；第三层为山形座；第四层是在一个镂空的方斗形穿体内塑造一排小型的跪坐人像，顶部四角还分别立着四只鹦鹉状的小鸟。神坛四周和内部尚有许多精细入微的纹饰和浮雕，令人叹为观止。这个神坛和前面说的神树，是不是在造型风格上和使用意图上相当的一致呢？这是显而易见的。

青铜大立人像

三星堆出土的体积最大的青铜器是青铜大立人像。它的身高约262厘米（加基座），体重为180公斤，高大壮硕。这尊庞然大物发现于"二号坑"，出土时从腰部断开，上半身和下半身分置两处。从头部和腰部以下被砸打的痕迹分析，当时的人们大概是用了一把约10磅的锤子，抡圆了照着它的后腰就是一下，腰背上的铜块被砸得四分五裂；倒在地上后，人们照准它的脑袋又是一下，结果把头冠的边沿也砸得向上翘起。这尊伤痕累累的大立人像被如此肢解之后，又被扔进土坑掩埋。我们无法知道，当时的人们为什么要如此残酷地对待它。现在，我们所看到的这尊完美铜像是经过考古工作者经心修复的。还原以后的铜像，又拥有了它原有的威仪。

这尊大立人像身披法带，头戴莲花高冠，穿着左衽燕尾长衫，双手以有力的姿势握成圆环状——可惜它手中所握的东西已在砸打过程中遗失。通观整尊人像的比例尺度，唯有双手被故意夸张放大了，这双手以及手中的器物都是被突出和有意渲染的部分。由此推测，已经遗失的手中器物一定是一件"重器"。当我们站在这尊人像面前，我们感觉比它要矮，因此当目光朝上仰视时，看到的是流线型缀满图纹的铜质外衣，以及颀长的多少有些特立独行的身子。

从大立人像身体的结构和连接方式看，当初铸造时，工匠们采用了分段浇铸的方法，先铸出人物的头、四肢和身体，然后再采用嵌铸的方法把它们和底座连接在一起。人像的中部是空的，用手敲击会发出沉闷的回响。出土时，人像内腔尚存一层薄薄的泥芯，这是工匠们在铸造泥

青铜大立人像

范和浇铸过程中留下的。其面部特征和表情，与前所述青铜人头像、青铜面具是同一风格，都具有五官突出、棱角分明的特点，即高鼻梁、阔嘴巴、方脸大耳配着一副浓眉斜竖大眼，耳垂上也有穿孔，脑后还拖着一条长长的发辫。

有关这尊青铜大立人像的身份，多数学者认为，它应是祭司、巫师或"群巫之长"一类的神权人物，而不是世俗贵族或现实中的部族首领。从人像的神态和动作观察，神像伸出一双有力的大手，正把一件重要的东西献出去。神情中，看不出世俗贵族或部族首领们所特有的冷漠傲慢，而是显示出极其虔诚的耐心，以及巫师们在长期实践中练就的些许忧郁。因此它更可能是献祭者，而非受祭者，手中丢失的东西也许就是玉琮之类的圆形礼器。它的角色和身份促使它在仪式开始时，被推向十分显著的位置，代表群巫向神灵献祭。但同时也有不少人认为，人像的身份应是双重的，它既可能是群巫之长，也可能是某一代蜀王的形象。在远古时期，群巫之长和一国之君往往是由同一个人担当的，那时候政治和巫术之间的脐带还没有断。

这尊人像还有一个特别值得注意的地方，那就是它的衣服。那些刻画在冷硬的青铜上的服饰花纹，既华丽又雍容，仿佛是这个铜人故意穿起古蜀时装在此登台表演一样。铜人成了一个不起眼的模特，而衣服倒被光彩夺目地展示出来。铜人像身上的衣服共有三层：最里一层为"内衣"，从局部显露的部分可知，它的样式为窄长袖、鸡心领，袖子的长度一直到达腕部，肘间露出繁复的、花团锦簇的绘绣类花纹。第二层是介于内衣与外衣之间的"中衣"，样式为双袖右衽鸡心领，领口阔大，袖子窄长。从半露的右袖和全露的左袖可以看出，这件"中衣"饰有大面积的图案和纹饰，线条清楚，设计华丽，是不可多得的古蜀服饰文化典范。同时，"中衣"下沿后摆奇怪地出现了交叉的燕尾造型，令人想起欧洲近代文明中具有礼仪特征的"燕尾服"。研究者们还注意到这样一个事实，"中衣"的下摆显得十分"绵软敦厚"，像是有棉质类填充物充塞其间。根据古代蜀地出产丝绸推测，这件"中衣"很可能就是根据古蜀棉衣的样式制作的。这种想法初看起来十分大胆离奇，但仔细一想又合情合理，因为即使是现代的人，在寒冬腊月，也会穿得里三层外三层。为了保暖御寒，中间穿上一件丝棉或羽绒制作的"防寒服"应在情理之中。

铜人身上最外面的一件应是"王服"。当时的考古发掘简报称它为"鸡心领左衽长襟衣"。也就是说，它的纽扣是开在左边腋下的。整件衣服的前心、后背和边角均刻有线条流畅的古图纹。胸前右侧和背部主要是阴刻的龙形图案，龙的造型方头马面，尾巴翘起，虽然样子极其朴拙，但那无疑是中国较早一批龙形图案了，反映出华夏文明对

二号祭祀坑的铜兽首冠人像

古蜀文化的深刻浸润和滋养。衣服的边角一律镶滚兽面饕餮纹，凸显的是一种贵族气派。

整尊人像从里到外的三重衣服，精美华丽，显示出一种脱离了大众趣味的奢华倾向。但有一点必须承认，人类的所有艺术杰作无不来源于

生活，这尊人像的服饰绝非由古蜀人凭空杜撰，它必然是从生活中提炼所得。或者，干脆就是从古蜀时期的巫师或君主身上"翻拍"而来。从古蜀时期的出土器物可以看出，当时的人们对于服饰、青铜艺术、建房艺术、金器玉器制作、祭祀礼仪等都有很高的追求，他们的生活呈现出多元化的开放格局。

金杖上的神秘图纹

金杖不是中国传统文化所固有的符号，以"杖"象征王权也非中国人的发明创造。三星堆出土的这根金杖发现于"一号坑"，总长度142厘米，直径2.3厘米，净重480克。它的内芯原来是一根被金皮包裹的木棍，但岁月已经将它从金箔中无情地剔除了，变成了碳化的细灰。这根金杖的独特之处在于：在金杖上端大约46厘米长的一段距离内，镌刻着三组神秘的图纹，分别为头戴皇冠耳挂三角形耳环的人头像一个、鱼鸟勾云纹饰以及穗叶形柄等，它们可能暗示了这根金杖的某些"前尘隐事"。

头戴王冠的人物形象或雕像，在三星堆祭祀坑中有多处发现，加上金沙遗址发现的束于王冠上的金带，足以表明古代蜀王在临朝或正式场合下，都是戴着王冠与人见面的。对于这根金杖，研究者们的看法倒是基本一致，认为它应是王权（或神权）的一种物化象征，因为它看起来是那么直观明了。但是接下来问题就出来了，中国古代文明史中明显缺乏以权杖象征王权或神权的实例，人们只记得中原夏、商、周三代王朝都是以"九鼎"象征王权稳固。那种四平八稳、重若泰山的"笨家伙"才是古代君王心仪和首肯的王权象征物。著名的成语故事"问鼎中原"即来源于此。故事讲述的是春秋时期，楚庄王北伐陈兵于洛水，以此向周王朝炫耀楚国的武力。周定王便派遣王孙满前去"慰劳"楚国军队，意思是你们楚国不要不知好歹，你们来和周王室较劲，无疑是鸡蛋往石头上碰。但楚庄王不和王孙满一般见识，而是笑嘻嘻地问：听说你们周王室的九鼎是传国之宝，我今天倒想知道，它到底有多大、有多重呀？

我楚庄王对这件宝贝心仪已久，只盼着什么时候得到它哩！可见当时的
"鼎"就跟后世的玉玺似的，均为王权的直接象征物。

　　而与之相反的是，以"杖"象征王权或
神权的史实，在古埃及文明、爱琴海文明以
及西亚文明中，倒是见惯不惊的，这表明三
星堆文明中明显有着中原商、周文明所没有
的"异数"。造成这种差异的原因，到底是由
于三星堆真的受到"海洋文明"气息的吹拂，
还是古蜀人曾经无师自通地把握了"杖"的
寓意，因而正好和古埃及文明巧合？这至今
是个难解之谜。

　　考古学家认为，鱼鸟图纹是三星堆出土
的金杖上最重要的一组符号，它可能暗示了
金杖与某一代蜀王的隶属关系。居住于三星
堆的古蜀人为什么对鱼鸟情有独钟？为什么
金沙遗址出土的金带上也有一组"鸟面鱼身"
图？鱼和鸟难道是古蜀人所崇信的图腾吗？
而且，鱼鸟图纹不光出现在金杖上，而是像
夏日晚间的星星一样布满了整个三星堆遗址，
成为一道真正的文化"风景线"。

　　据考古材料显示，三星堆出土的动物器
群中，以鸟的数量为最多，计有鸟头雕像、
神树上的立鸟、鸟形饰、鸟头把勺、立鸟雕
塑等。各种鸟的嘴形多姿多彩，有细长的类
似水鸟的尖嘴长喙形，如"一号坑"发现的
两件立鸟，头上有很大的冠羽，尾翅长垂，

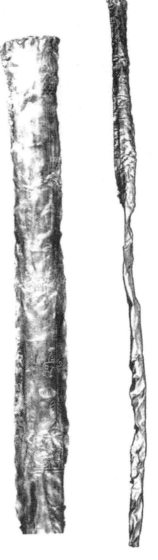

一号祭祀坑出土的金杖

颈部及前胸饰满鱼鳞状的花纹，嘴喙修长而尖利。还有一种鹰嘴形的
鸟，这种鸟的口喙像老鹰一样呈内钩状。再有就是比鹰嘴更加明显的弯

青铜大鸟头

钩状长嘴，如"一号坑"出土的仅存头部的鸟头器，大眼机敏地鼓突着，上下嘴喙间青铜大鸟头镂空，整个造型颇似鱼鹰。此外，三星堆出土器物中还发现有"人身鸟足像"和"鸟身人面像"等。凡此种种，均表明三星堆时期的古蜀人的图腾信仰一定跟鸟有关。

翻阅数量有限的古蜀历史文献，我们发现，古蜀先民确实与鸟有着千丝万缕的联系。《华阳国志·蜀志》记载，在蜀地先后称王的几个人中，柏灌、鱼凫、杜宇均是以鸟为名的蜀族首领，尤其是杜宇魂魄化作杜鹃鸟的美妙传说，更是如梁祝故事中凄美的"化蝶"场面一样，早已成为蜀史传说中一则经典绝唱。据考证，柏灌和鱼凫也是鸟。柏灌是喜欢生活在树林中的一种体积较大的鸟；鱼凫即鱼鹰，也就是俗话所称"鱼老鸹"，至今在南方的江河湖泊中仍能目睹。它是一种能够帮助渔民捕鱼的鸟，在水中异常敏捷。通常，渔民们会在鱼鹰的脖子上套一个金属圈，以防它把大一点的鱼囫囵吞下去。鱼凫和渔民的关系是一种既相互依存，又相互利用的关系。

那么，三星堆古蜀文化遗址到底跟柏灌、鱼凫、杜宇中的哪一代王朝关系更紧密？部分考古学家认为，它跟鱼凫王朝的关系似乎更近一些，三星堆王国鼎盛时期的统治者可能就是鱼凫王本人。由于整个遗址当时尚处于渔猎为主、农业并不发达的奴隶制社会，因此留下渔猎文化的蛛丝马迹也是必然的。据考古资料显示：三星堆二期文化至三期文化这一时段，相当于夏末至商代中晚期；从二期后段起，开始出现鸟头把勺。但当时"鸟头"的造型既无冠也无钩嘴。发展到第三期，鸟头把勺的造型就有了显著变化，相继出现冠羽和带钩的利嘴。有人认为，这是柏灌向鱼凫过渡时留下的"历史记忆"。因为这一时期的政权过渡尚属部族内部的和平过渡，战争的阴影和外族的入侵还没有来临。

也有一些学者认为，三星堆遗址同杜宇氏关系紧密。首先，三星堆文化四期已至西周，从年代序列上讲，它更靠近杜宇王朝；其次，两个祭祀坑的埋藏暗示了一次大的政局动荡，祭祀坑有可能就是鳖灵取代杜宇时留下的"厌胜"坑；第三，三星堆古城毁于一次汹涌的洪水，而古蜀历史上鳖灵取代杜宇正是因为他

三星堆出土的青铜凤鸟

善于治水才赢得了人们的广泛爱戴。杜宇失去他在三星堆的王位和统治，主要原因也是他没有好的遏制洪水的办法，最终只能将政权拱手送给他的宰相、"治水专家"鳖灵。

回过头来再看这根神奇的金杖，它上面的三组图案像工笔线描一样清楚细致，虽经数千年岁月磨难，仍保持完好的格局。那么，这些图案到底是用什么方法镌刻到金箔上去的呢？通过观察和对比，我们发现这根金杖图案的"印制"是和金沙遗址的金带一样的，即先在一块坚硬平整的模子上刻出所需图案，然后再把经过软化处理的金箔蒙上去，用锤碾压或敲打，使模子上的图纹清晰而深刻地"印制"在金箔上，金箔再

经过加工包裹，形成金杖。这一过程看似简单易行，实则比直接在金箔上刻制花纹要困难得多，因为它对模子的制作、金箔的软硬度以及"印制"的手段都有极高的要求。

牙璋：记忆深处的中华礼器

玉牙璋

璋是中华礼器中较为正宗的一种祭祀用品，它的起源很早，并且在中国传统文化中留下了深刻的印迹。目前国内已发现的璋约有140多件（不包括金沙遗址），主要分布在陕西、山西、山东、河南、湖北、湖南、福建、广东、四川等地，但它们大多数属于传世品或采集品，通过正式考古发掘的出土品极为罕见，主要出在三星堆两个祭祀坑中。虽然中原的早期文献中常常提到璋，好像中原人所遵从的祭礼从来就有一套完整的规章制度，既繁复又高明，璋一类的礼器本该多如牛毛似的。但事实上，真正能传诸后世的物证，还是出在成都平原这一被中原视为"夷"的地方，这到底是怎么回事？

2001年2月至今，随着成都西郊金沙遗址的大面积揭露，古蜀祭仪中的"牙璋文化"忽然放射出与三星堆"青铜文化"同样灿烂夺目的光彩，数百件精美绝伦的玉璋、玉剑、玉戈、玉琮的出土，令世人惊愕不已。金沙遗址所出牙璋数量之多、造型之美、器形之大、玉料之好、制作之精都是前所未有的。这似乎告诉我们这样一个事实：牙璋文化虽然源自中原，但它的表现和发扬光大却在古蜀。细心的读者可能也已发现，自古以来蜀文化与中华文化就有一种特殊的关系，这种关系有点类似于江河与湖泊的关系。当江河之中洪水泛滥时，湖泊可以无私地敞开胸怀接纳它；当江河之水枯竭时，湖泊可以提供源源不断的蓄水。作家余秋雨曾把"长城文明"和"都江堰文明"视为南北文明的两个代表："长城文明是一种僵硬的雕塑，它（都江堰）的文明是一种灵动的生活。长城摆出一副老资格等待人们的修缮，它却卑处一隅，像一位绝不炫耀、毫无所求的乡间母亲。""每当我们的民族有了重大的灾难，天府之国总是沉着地提供庇护和濡养。因此，可以毫不夸张地说，它（都江堰文明或蜀文明）永久性地灌溉了中华民族。"余教授以这样的文风写历史，虽然遭到了许多人的反对、批判，但他的看法无疑是对的。我们知道，秦国统一中国以后，它从蜀国得到了方方面面的滋养，进一步壮大了国力。蜀这块地方还是唐王避难的港湾，抗日战争时整个民族的大后方。总之，蜀与中国文化的关系是一种特殊的关系。为什么"牙璋文化"在中原没有什么像样的表现，而在蜀地却蔚然成风、大放异彩呢？这就说明了两种文化之间的这种特殊关系。

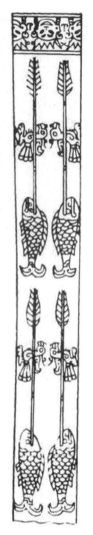

文献中，"牙璋"一词最早见于《周礼·春官典瑞》："牙璋以起军旅，以治兵守。"《考工记·玉人》谈到它的形制时说："牙璋、中璋七寸，射三寸，厚七。"《周礼》又把圭、璧、璋、琮、琥、璜称为"六瑞"，说它们是祭祀场合中最祥瑞的六种礼器。在三星堆和金沙遗址中，圭璧璋琮均有大量发现，而且形制异常完美，代表了中华礼器文化的最高档次和最杰出成就。比如三星堆祭祀坑出土的"石边璋"，通长 54.5 厘米，饰满极其精致的

牙璋上的图纹

图案，这些图案生动地刻画了古蜀人原始宗教的祭祀场面。"图案分为上下两幅对称布局，射部和柄部各一幅，除柄部一幅因器身较窄又需要打孔只刻有二人外，其余内容完全相同，均由平行的五组图案组成。最上面的一幅平行站立着三个人，全部头戴平顶冠，冠上有两行刺点纹，耳上系有铃形耳饰，身穿的长衣到达膝部，双手在胸前做抱拳状……第二幅刻画的是两座山，山顶内部有一圆圈（可能代表太阳），在圆的两

二号祭祀坑出土的石边璋

侧分别刻有云气纹，两山之间有一盘状物，上有飘动的线条状若火焰。在山形图案的底部又画有一座小山，小山的下部是一方台（可能代表祭祀台）……第三幅是两组S形勾连云雷纹，将上下的两组图分成两个部分。云雷纹下的一幅刻有三个人，穿着、手势与第一幅相同……第五幅又是两座山，内部结构与第二幅相同，所不同的是山外两侧各立有一牙璋。"（陈立基《趣说三星堆》）

它其实讲述的就是古蜀人在阳光明媚的晴好天气，举着牙璋聚集在祭坛四周祭祀天地和大山的壮观场面。

又例如金沙遗址出土的"六瑞"中，有两件国宝级的玉琮，一件呈翡翠绿，一件呈琥珀黄。翡翠绿者高22厘米，通身绘制着极其精细华丽的微雕，细若发丝的花纹和一个人形图案在光洁的绿玉上若隐若现。琥珀黄者稍矮，但体积更大，表面的圆筒状和方形棱之间打磨得天衣无缝，仿佛是用最精密的现代车床加工而成。两件玉琮均为礼器中罕见的艺术珍品。至于玉璧石璧一类的"瑞"，则是三星堆遗址最初扬名的一批礼器。1929年春天，燕道诚发现的玉石器坑中，就有一组从大到小依次叠放的石璧。可以说，中华礼器文化在古蜀文明中得到了最辉煌的表现和最妥善的保存。

三星堆两个祭祀坑共出土牙璋57件，从造型上又可以把它们分为四种不同的类型。第一种为平行四边形，有的在端部略收形成柄；第二种为窄长铲形，铲端如鱼尾一样张开，柄部由端部慢慢收窄；第三种为刃形；第四种为戈形。就目前发掘的情况来讲，前两种类型在我国其他地区也有发现，而后两种类型则为古蜀人所独创，具有极强的地方文化特色。

由于牙璋是远古时代十分贵重的祭祀礼器,因而现代人对它的感觉已很陌生。但单从形制上来讲,我们可以发现后世的宫廷中有一件东西与它十分相像,那就是"笏"。笏是古代朝廷上君臣相见时手中所拿的狭长板子,用玉、石、象牙或楠竹制成,上面可以记事。尽管璋和笏完全是两码事,璋对神灵,笏对君王;璋是祭祀礼器,而笏是文武大臣上朝时的"记事簿",其作用是为了陈述的方便。但是,两者在不同的场合下均为双手护持,执于胸前;前者恭敬,后者谨慎,其情形确实是有些相像的。

一件器物的出土和修复

三星堆文物在一系列高规格的展示中赢得了不少掌声和喝彩,但读者也许不知道这些精美绝伦的器物在出土时是什么样子。

为了详细叙述一件器物由出土时的残破到展示时的完美,我们下面将介绍一件著名的"金面青铜人头像"的出土和修复情况——看看它在出土时是什么模样,考古学家怎样把它从坑中取出来,怎样卸下金面罩除去它脸上的有害锈,并最终还原到它本该有的、读者在展示柜里看见的"本来面目"。

这件金面铜头像出土于"二号坑",出土时样子破败,形体难辨,像一堆生锈的废铁。我们知道,三星堆祭祀坑的青铜器同其他器物一样,事先均遭到程度不同的人为破坏。埋入坑中以后,上面的填土又被大力夯筑,使得这件被挤压在坑壁处的头像整体压扁变形。更为严重的是,随着坑中填土与坑壁泥土的收缩分裂,坑壁原生土与填土之间出现了一道大的裂缝,数千年的雨水与空气就沿着这条裂隙源源不断地渗入坑道,把青铜器全都氧化锈蚀了。几乎每一件铜器的铜质都变成了氧化铜。

二号祭祀坑青铜神树座、尊、人头像的出土情况

参加这件铜器修复工作的四川省文物考古研究所杨小邬同志在一篇文章中写道："这件金面铜头像出土于二号祭祀坑的第二层器物层。发掘人员在发掘清理第一层器物时，为了使破碎的器物不致松散而失去原来的形貌，采用了石膏灌浆固定形体的方法。铜头像在坑内是颈端朝上，头顶朝下，颈部只从第二层的器物空隙中漏出。这样，灌石膏时只好顺着器物空隙往下流。头像内也灌了大约占五分之二空间的石膏。"因此，当头像被从坑中取出打算修复时，"石膏凝固以后附在头像内，又硬又紧，头像头部大，颈部小，石膏是不可能直接取出来的。因此，只有用清水浸泡后再用带刃的工具一点一点地切削，并且小心地往外掏出，直至把石膏完全掏尽。这时，铜头像内原来剩下的范土露出约一厘米厚；面部的眼、鼻凹凸部位的范土，还存有约3厘米厚……用清水洗掉泥土后，头像及金面罩的形体都较为清楚地出现了"。

下一步，就该着手清理铜头像和金面罩上的铜锈及污物了。可是，由于铜头像经过了严重的氧化，头像断茬口坚硬的青铜已经变成红褐色或深褐色的酥松物质。头像后脑勺的发辫处，铜质本来只有3毫米厚，但现在加上铜锈竟厚达 5 厘米。长期的埋藏和腐蚀也使得泥土污物和铜锈相混杂，结成了十分坚硬的一层"痂"，这给除锈工作带来了意想不到的困难。如果采用化学药剂浸泡的方法除锈，倒是可以很快将锈迹冰消瓦解，但是又怕药物损伤器形，使文物失去原有的面目。最后，考古学家们只好采用原始的机械除锈法，用带刃带尖的工具一点点地挑、剥、锉。

遇上氧化程度特别严重的部位或残片，在进行彻底的清洗之前，考古学家们还要对它进行特别处理。比如，这件头像的脸颊部位氧化程度特别突出，青铜几乎变成了碳酸铜，表面呈

金面青铜人头像

粉末状，内部呈暗褐色，已经完全失去了青铜的光泽和紧密的质地。如果直接将它浸入水中清洗，不但表面会剥落溶解，而且整件器物也有可能酥解或崩溃。为了防止这种情况发生，考古学家先在器物表面涂刷一种名为"α－氰基丙烯酸乙酯剂"的药物，形成一层保护膜，再放心大胆地进行清洗。

细细的、软硬适度的刷子在头像表面来回刷过若干次以后，人们惊喜地发现，原本锈迹斑斑的头像发粦，这时露出清晰的纹路。经过彻底的清洗和除锈工作，整个铜头像在水盆中裂为 40 片大小不等的残片，像是一朵花的花瓣被纷纷剥落了。污物和锈迹已被清除，每一块残片都显得比较干净。

把四分五裂之后的铜头像再次复原拼接，是一道十分麻烦的工序，采用"强硬"的锡焊接法显然是不合适的。经过研究，考古学家们选用了较为"柔和"的黏合剂黏结法，即严格按照头像碎片的茬口进行拼

接。黏结成功以后，为了消除接口痕迹，使头像外观平整，更加接近原貌，还对接缝处的凹隙进行填充，在环氧胶内加入适当的滑石粉、碳酸铜及其他颜料制成合剂填入缝中，填完后再用水磨砂纸仔细打磨。如此一来，一件最接近原貌的、完整无瑕的青铜头像被从记忆中打捞上岸了。

回过头，我们再来看考古学家是怎样把铜头像上的金面罩剥离下来，并进行仔细的清洗、回软和粘贴工作的。该头像出土时，金面罩和铜头像之间的空隙渗进了泥土，膨胀的铜锈和污物已将金面罩的大部分撑裂。在面罩和头像黏结得看似稳妥的地方，考古学家们发现了一层古蜀时期的黏合剂，经红外线光谱仪测试，发现是用"中国漆"（又名土漆的一种树脂）进行黏合的。由于整块金面罩有的地方跟铜头像锈在一起，有的地方又隔着一层树脂形成的枣红色硬壳，还有的地方已和铜头像分开，情况错综复杂，因此考古学家们采用了一种软硬兼施的办法来剥离这个金面罩。软的地方，使用竹木工具进行刮和铲；硬的地方，采用微型牙科电动工具进行钻探，整个过程像外科手术一样小心翼翼，尽量确保金面罩不被撕裂或损坏。

现在，整块的金面罩像橘子皮一样被揭了下来，跟原先脱落的三块金质残片放在一起，称出的重量为 72.2 克。

从头像上剥离的金面罩

修复金面罩的第一步是用 5% 的稀硝酸液对金面罩进行除垢、除锈和清洗。清洗掉内外的污物以后，再进行"回火"——因为古蜀人在把金面罩粘贴到铜头像上时，使用了冷加工工艺，金箔的质地显得僵硬刚脆，难于修复，所以需要加热回火，使之变柔变软。实际操作过程中，考古学家将金面罩加热到颜色微微泛红（约 700℃），然后立即从火上移开，等它慢慢冷却。回火过程说起来简单，其实却是很不容易把握分寸的。温度过高，金面罩就熔化成液体了；温度过低，又达不到软化的要求和标准。经过回火锻炼

修复以后的金面青铜人头像

的金面罩，终于显示出金子特有的韧性和金灿灿的诱人光芒，像是一个返老还童的人的容颜。趁热再用工具把金面罩上的"皱纹"一一按平，清洗晾干以后，称得实际重量为 67.5 克。

考古学家再把这几块经过回火的金箔，按其原有位置拼接到铜人头像上，并根据人像面部的凹凸，轻轻地用毛刷或玛瑙压子进行拍打和蹭压。这时候，变形的金面罩又回复到原来的模样，紧密地包裹在人头像面部了。人头像原先的眼睛、眉毛和嘴巴是露出来的，因此还要对金面罩与上述部位结合的部分进行"转边"式蹭压，使面罩和头像的扣合更为稳密。然后，再把面罩残片取下来进行黏结。

经过反复的除锈、清洗和还原，铜头像和金面罩终于修复好了，接下来就该把面罩重新"戴"回到人头像的脸上去。传统而神奇的"中国漆"这时候还派得上用场吗？经过专家们的讨论分析，认为此时再用"中国漆"是不科学的，因为万一将来要对铜器上的原漆进行更深入的研究，新旧漆混在一起，势必造成真假难辨的局面，因此，最后的黏结使用了"α——氰基丙烯酸乙酯"黏合剂新材料。

　　我像做菜的厨师一样唠唠叨叨地向读者介绍一件铜器的每一个修复细节，其实是想让读者搞清楚古蜀人是怎样炮制金面铜头像这道"特色菜"的，并且我们也确实弄清楚了其中的不少环节。比如，金面罩是事先用纯金锤打成箔，经回火处理以后再蒙在铜人头像脸部，用木质的工具边拓边捶，用质地细腻的宝石工具不断蹭拭，使得眼眶、鼻子和面部的轮廓都显现出来，然后再用金属工具"挖"去双眉和眼睛处的金箔，这就是中国传统的"镂空工艺"。对整片的金面罩进行部分镂空，古蜀人一定是有他们想要达到的目的。其一，是使人物最关键的部位——眼睛——显露出来，从而增强人物表情的凝聚力和神秘感；二是镂空处的金箔被挖下来以后，可以用来填补面罩的其他地方或改作他用；第三，也可能是相当重要的一点，是为了在拓捶等冷加工工艺的基础上起到"消气"或消除面部"皱纹"的作用。

　　同时，考古学家们还发现，三星堆两个祭祀坑出土的青铜头像中，绝大部分头像腔内的范土没有掏出。由于这些头像不是通过一两个模具流水线集约化生产的（每个头像都使用了不同的模具），因而铜人头像在外观大体一致的前提下，呈现出细微而生动的个体变化。除此以外，古蜀工匠在把铜人头像铸造出来以后，还使用了打磨的方法以去掉头像表面的毛刺；对一些因工艺不够到位而出现的凹坑，他们还采用白膏泥或含铁较多的泥土调成"腻子"进行敷补。

　　总之，从修复的角度对一件金面铜头像进行仔细分析，使我们洞察到了许多细微的、以前不为人所知的细节。虽然那些玻璃柜中的展品使人惊叹，但又有谁知道这背后凝聚了考古学家的多少心血？

解 密

——三星堆王国是怎样突然消亡的

如前所述，种种迹象业已表明，三星堆王国的消失是很突然的，是在非正常状态下发生的，留下了许多人们感兴趣的疑点。到目前为止，考古学家已对两个祭祀坑的成因和三星堆王国突然消亡的历史，作了诸多有益的探索。如果把这些成果归纳起来，已经可以出一本厚厚的书了。单就祭祀坑的性质和成因而言，学者们先后提出过以下几种观点：祭祀坑说，不祥宝器掩埋坑说，亡国宝器掩埋坑说，窖藏说，失灵神物掩埋坑说，厌胜埋藏坑说，盟誓遗迹说，蜀王大墓（或墓葬陪葬坑）说等等。下面我们将结合这几种观点，来做一次三星堆王国消亡原因的解密工作，相信读者可以从中感受到历史的波澜壮阔和风云变幻。

最后的战争

三星堆两个祭祀坑的出土器物，都是经过大火的无情焚烧和人为的破坏才埋藏的。因此，有专家学者结合古蜀历史和考古现场作了如下推测，即三星堆祭祀坑是一次惨烈的战争或政权更迭过程中遗留的物证。战败者自不必说，他们可能已经国破家亡，全军覆没，血流成河，剩下的几个王子王孙也都逃之夭夭了。但重要的是战胜者，他们面对这片敌人曾经生息过的肥沃土地，面对敌人宗庙中狰狞的、用于祭祀先祖神灵的礼器，心中感到一阵阵莫名的恐惧。这些敌国的铜像就像一排邪恶的花一样，盛开在胜利者的面前。砸烂并烧毁这些敌国重器，是他们发泄心中怨气，并从精神上彻底打败敌人的最有效手段。因此，在一片熊熊的火海和欢呼声中，一场带有巫术性质的焚毁和掩埋活动开始了。可以说，这是一场恶毒的惩罚，也是一次幸灾乐祸的捣乱。

在中原地区，夏、商、周三代王室也都遭受过这种"国破庙毁"的屈辱历史。战胜国往往把敌国的宝器当作战利品或政权变更的象征物得意扬扬地运抵自己的国家，所谓"毁人之国，迁其重器"。《左传·宣公三年》记载说："昔夏之方有德也，远方图物，贡金九枚，铸鼎象物，百物而为之备……桀有昏德，鼎迁于商……商纣暴虐，鼎迁于周。"意思是说，夏桀王昏庸无德，亡国之后，国家重器"鼎"被商王朝运回自己的首都去了。后来商纣王暴虐无常，心理变态，成天沉迷于女色，亡国之后"鼎"又被周王室给运走了。这反映出古代中原对国家礼器、重器的一种看法，即：我既然毁了你的国家，那么你们国家象征政权鼎立的重器就归我所有了。我把它运回到我的国家去，每当我看见它，就等于重温了一次胜利的喜悦和敌人的哭声，这是多么舒心畅意的事啊！

但为何中原三代王朝政权更迭时，各属的鼎立重器没有像三星堆礼器那样遭受"奇耻大辱"？胜者也该把敌国的"鼎"焚毁砸烂埋入地下才对呀，这样不是更加痛快淋漓？原因很简单，夏、商、周三代王室的礼制和族群人种是基本一致的，其文化习俗和祭祀信仰也没有根本性的差别。正如《礼记·礼器》所说："三代之礼一也，民共由之。"《论语·为政〉也说："殷因于夏礼，所损益可知也；周因于殷礼，所损益可知也。"这等于是说，他们意识深处已把"鼎"看作是国家和民族的共同财富，谁拥有它，就表明谁是天下英雄，毁了岂不痛惜？因此，他们不把胜利者的冲天豪气和无名怨气倾泻到"鼎"上。

但古蜀王国的历史就不同了。按照文献记载，鱼凫是岷江上游山地的氏族，杜宇是云南昭通人，而鳖灵也是来自今天湖北、重庆一带的

"荆人"或"巴人"。他们既然不同属于一个民族或文化区域，那么彼此间的宗教信仰和理念就会有很大的差别。从三星堆祭祀坑出土的器物可以看出，它们绝大部分为宗庙重器，也即一个民族的保护神或精神归依。当一个新的政权代替旧的政权时，那些"冥顽不化"的民族保护神是不会屈尊变节保护异族的。因此在蜀地，毁人之国就不能单单是"迁其重器"，而应当是格杀勿论，通通地焚毁砸烂，即要想方设法消除旧的礼俗对后人的影响，最好是把它们从记忆中彻底抹掉。《国语·周语》在谈到这种情况时说："人夷其宗庙，而火焚其彝器，子孙为隶。"你看这多厉害呀，不但要把宗庙中的彝器"火焚"，还要让敌人的子孙们世世代代都做奴隶，而这就是胜利者对失败者最深的怨恨和最恶毒的惩罚。三星堆祭祀坑出土的"奴隶石雕像"，无疑是这种惩罚的直接物证。按照中国人的想象，偶像和存在物之间，无论是在物质上还是精神上都是相通的，特别逼真的画像或雕塑具有生命的实体，这种臆想是中国偶像崇拜和寺庙文化赖以生存的基础。也就是说，雕像和神偶不是任人摆布的"木偶"，它们有自己的实物象征和生命轨迹。只有彻底砸烂或销毁它们，它们所象征的生

一号祭祀坑出土的奴隶像

命实体才可能最终消除。三星堆祭祀坑的埋藏情况，恰恰反映了这种中国式的三段式推理。而且，为了使敌国的信仰体系彻底崩溃或化为乌有，他们还把"彝器"埋入地下夯实。如此一来，人们再也看不到过去的祭器祭礼，其实他们的目的就是要把新与旧之间的信仰联系一刀两断。在"焚其彝器"的过程中，他们还举行盛大的狂欢仪式，宰杀牲口，燃放大火，砸烂敌人的宗庙祭器，算是一次反向的庆祝和咬牙切齿

的狞笑。

考古学家还据此推测，战胜者可能是深谙农耕文化的杜宇族，而战败者是以渔猎文化为生存法宝的鱼凫氏。一场历史，就在这次悲壮的祭祀中被颠覆了。让我们通过想象来还原一下当时的情景：身披大氅的杜宇威风凛凛地站在三星堆的土台上，他的目光傲慢地俯视着这座战败的城池。尽管以前他听说过鱼凫的城池修得多么固若金汤，多么范围广阔，内城多么豪华稳固，但当他攻破这座城池并置身于现在站立的地方，他发现传说是多么虚假无凭。他想，再坚固的城池不也被我杜宇给攻破了吗？想到此，他的脸上露出了一丝不易觉察的微笑。随着笑意在脸上的逐渐扩展，他原本含蓄的笑容逐渐变成了纵声大笑。这一阵阵狂笑，听起来比刘邦战胜项羽时更加爽朗和肆无忌惮。

在他的脚下，敌人的尸体像刚刚收割的庄稼一样倒在地上，鲜血染红了泥土。难道历史的变革都必须付出如此血腥的代价吗？他有些不敢相信，但很快他又从忧郁的思索中回过神来，下了一道旨意：把鱼凫这个老家伙的宗庙给毁掉，该烧的烧，该砸的砸，让曾经保佑过他的傻瓜神灵都跟他一起见鬼去吧。

士兵们站在杜宇面前发出阵阵欢呼，劫掠和报复本就是战胜者最普遍的心理欲望，不如此，怎么对得起死去的同伴，怎么对得起为这场战争所付出的高昂代价？一把火烧起来了，石头砸烂青铜人像和青铜神树、神坛的碎裂声，久久地回荡在历史的暗道里。士兵们来回穿梭，都显得异常兴奋。新掘出的土坑旁，一批批被大火焚烧和砸烂的礼器被倾倒下去，叮叮当当的响声听起来像是神灵们无助的哀怨……

但还有一种可能，在三星堆古城即将被攻破的前夕，鱼凫站在被战火洗礼过的残垣断壁上，忽然想起了陪伴他一生的神灵和偶像。这些本来待在幽暗宗庙里的神偶像天空中的闪电一般，忽然浮现在他的脑海里。虽然它们没能保佑他赢得这场战争，但它们毕竟是祖宗遗留下来的国家重器，关乎这块土地、这方人民、这片天空的荣辱盛衰——这样的东西岂能落入敌人之手？负伤的士兵一瘸一拐地前来报告：南边的城墙

已经失守了，敌人像潮水一样向我们涌来，我们该怎么办？鱼凫用他鱼
鹰般锐利的眼神瞪了一眼这个惊慌失措的士兵。怎么办？干脆集合剩余
的士兵和百姓举行最后一次祭祀吧，权当是我鱼凫在古蜀历史上的告别
演出。于是，在无比悲壮凄厉的气氛中，鱼凫带领他为数不多的士兵和
百姓，匆匆忙忙地完成了这场空前绝后的祭祀。祭罢，再给它们营造两
个可以安息的土坑，然后大家一齐拔剑自刎。

无可逃避的洪水

也有一种观点，认为三星堆文明的突然消失跟洪水有关。这一点，
已经得到考古材料的部分证实，但还不够全面，只能作为一种猜测介绍
给读者。有一份考古材料说："三星堆以南的阶地第七层是一层厚约
20—50厘米的淤泥，青黑色，包含物极少，明显与洪水有关，此层出
土遗物为三星堆末期，因此毁灭三星堆古城的洪水就发生在三星堆文化
的末期。"

已淤积成水渠的马牧河古河道

成都平原为什么自古就与洪水纠缠不清？难道这块低洼的盆地命中
注定是要用来储蓄洪水的吗？分析个中原因，主要是由于成都平原本来
就属冲积扇平原，大大小小的河流从西北朝东南呈扇面状流淌，一旦骤
雨来临，河流就容易暴涨决堤，从而造成城破家亡的灾难。古蜀传说中

最大的一次洪水发生在杜宇统治的末期。《蜀王本纪》说："时玉山出水，若尧之洪水，望帝（杜宇）不能治，使鳖灵决玉山，民得安处。"《华阳国志·蜀志》也说："鳖灵治水去后，望帝（杜宇）与其妻通，惭愧，自以德薄不如鳖灵，乃委国授之而去，如尧之禅让。鳖灵即位，号曰开明。"据此，有考古学家提出：三星堆古城本为杜宇所有，但杜宇不善于整治洪水，最后连自己的王国也拱手送人了。

结合三星堆祭祀坑的实际情况，专家们又提出一种名为"偶像失灵"的假说，大意为这些悬挂在森严庙堂里的神偶，未能尽显其本该具有的福佑功能，它们的"失职"使得三星堆古城屡屡受到洪水的侵害。神灵不灵，那么它们当然就失去了人们一如既往的信赖。人们惩罚它们，打砸它们，抛弃它们，并且重新选择了值得信赖的神灵和新的居住地，一切旧的东西被摒弃，三星堆古城的人们从此迁徙到了离成都更近的一座都邑。这个变换的过程，可以被看作是一场原始的信仰危机和信仰革命。

对失灵的偶像进行惩罚的事例，在中国历史上多有记载，如弗雷泽的民俗学巨著《金枝》就曾记载："1888年4月，广东的清朝官吏们祈求龙王爷停止没完没了的瓢泼大雨，当它对他们的祷告充耳不闻时，他们便把它的塑像锁押起来整整五天。"

倘若要还原当初的历史真相，故事的开头可以这样写：天空阴霾，连续不断的暴雨一连下了七七四十九天，这场雨对三星堆古城的国王杜宇来说，简直是一场灾难。他是一个对雨水没有多少好感的人，他生来就讨厌这淅淅沥沥没完没了的雨水。夜里，他睡在宫中潮湿的床榻之上，能听见洪水在城墙外面不断拍打的声音。而且，这种声音越来越响亮，越来越带有威胁的信号。直觉告诉他，远处河流的积水正在日夜兼程地赶往这里。这一夜，杜宇翻来覆去没有睡好。

翌日清晨，杜宇在近臣的陪伴下忧心忡忡地登上城墙。他在登城的过程中，感觉原本坚实的城墙这时已经像浸泡在水里的蛋糕一样快要酥解了。他问：上个月我们祭祀过几次天神、雨神和水神？负责国家祭仪的大臣禀报说：陛下，我们一共祭祀过十五次，几乎每两天就祭祀一次。杜宇绝望地点点头。刚才回答问题的大臣似乎没把话说完，这时又继续道：陛下，依微臣之见，这些太庙里的神偶好像一点也不听话，它们是不是被娇宠坏了？不准胡说！杜宇以坚定的语气打断了大臣的胡言乱语。然而杜宇心中十分明白，这些老态龙钟的神偶确乎是不灵验了。

寻找新的居住地的想法很快被提了出来，多数人认为应迁往成都平原的腹地，而不应该回到平原西北边的山地里去，因为如果那样的话，对于一支熟悉平原农耕生活的部族来说，无疑是一场灾难和文明的倒退。杜宇明显赞同这种看法，吩咐手下做好全城大搬迁的准备。

洪水依然没有退去的迹象，而且来势更加汹涌澎湃。主持搬迁工作的大臣这时提出一个问题：用于祭祀的国家礼器需不需要全都带走？杜宇蹙着眉头说，带走一部分吧，其余的都留下，我们将来在城址被淹之日可能会举行一场盛大的祭祀，为了这块生养我们的土地，也为了让失灵的偶像重新苏醒。我想告诉它们，我现在要撇下它们走了，要搬到一个新的地方去了，我想让它们知道，我杜宇不会无条件地遵从他们一辈子。杜宇的这番话虽然平静而忧伤，但所有在场的人都能感到它的分量。是啊，一个民族只有弃旧图新，才可能寻找到新的出路。

一天上午，雨水停了，笼罩在滚滚乌云中的三星堆古城迎来了短暂的晴朗，但人们清楚地知道，这是暴风雨来临之前的预兆，这短暂的安宁根本无法阻拦城外的洪水以更快的速度、更大的流量涌向这里。一场祭祀在默默的哀怨中悄然进行：焚烧的浓烟伴随着潮湿的空气冉冉上升，天空中低低地悬垂着铅灰色的云层。远处的沼泽地中，不祥的鸟展开黑色的翅膀在天幕下低低盘旋着，发出一阵阵恐怖凄厉的哀叫。当挖掘祭祀坑的工人在坑底发现水在不断渗出时，他们知道洪水已经真的来临了，于是加快了节奏。他们一边咬牙切齿地打砸和焚烧这些礼器，一边恶狠狠地警告它们：再不让洪水退去，我们就要砸断你的腿打瞎你的眼。然而，神灵们一个个缄默着不作声。几天以后，三星堆古城变成了一片泽国，水中漂浮着屋顶的茅草和婴儿的衣服……又过了三千多年，人们发现了当时祭祀留下的两个土坑和一层青黑色的淤泥。

这里，有一个问题需要特别提出，即三星堆两个祭祀坑的年代是否相同？根据"一号坑"和"二号坑"的发掘报告，发掘者认为这两个祭祀坑的年代是不相同的。"一号坑"大概埋藏于殷墟一期，而"二号坑"埋藏于殷墟晚期，这中间相隔了很长一段时间。对于这个特殊现象，所有的人几乎都觉得难以理解，因为两个祭祀坑相隔只有30米，而且坑的形状、大小、方位、坑中器物的毁损和埋藏情况都极其相似，怎么可能出现大的"时间差"呢？因此，有相当一部分考古学家"固执己见"，坚决不同意两坑不同时的观点。他们认为，两个坑在时代上应是完全一致或几乎同时的，要么是成于商末周初，要么是成于西周后期；还有一种说法认为是成于春秋之际。

事实上，如果我们认定两坑不是同时挖掘和埋藏的，就容易自己给自己出一个难题，即无法圆满解释这两个相似的坑为什么不同时，为什么要留下很长一段时间空白来等待第二坑器物埋藏。但是，通过上面对洪水毁城的可能性的推断，我们就有理由认为：这两个祭祀坑完全可能不在同一时期！换句话说，三星堆古城曾经两次遭遇过洪水的威胁。第一次，洪水肆虐相对较轻，但也引起了三星堆王国的动荡和他们对神灵的崇仰发生动摇甚至背弃，给神灵们一次警告或惩罚想来是十分必要的，因此出现了"一号坑"。若干年以后，三星堆古城再次受到洪水的威胁，这一次要比前次更致命，甚至导致了人们对失灵神偶的怨恨和愤懑情绪，因此"二号坑"器物的埋藏数量是"一号坑"的两倍多，而且更大型、更精美，连最贵重、最难制造的青铜器群也一并埋藏了。

当然，"一号坑"和"二号坑"之间的年代关系究竟如何，还有待考古学家们的继续研究和探索。

祭祀坑与开国大典

"祭祀坑"的命名，首先由发掘者在两坑的《发掘报告》中提出。此后，该说法一直占据学界主流。尽管不时有新的论点出现，但还不足以动摇它的权威性。笔者认为，姑且不论是何原因造成了两坑器物的掩埋，但在掩埋之前或掩埋过程中，毫无疑问是举行过某种大型宗教仪式的，这种仪式就是祭祀。因此从广义上讲，"祭祀坑"的定义要比"掩埋坑""埋藏坑""器物坑""窖藏坑"等提法更加准确。

发掘者定义此二坑为"祭祀坑"，理由主要有以下三点。一是坑中器物均被砸坏并经火烧然后才加以掩埋，说明它是古代燔燎祭祀的遗迹；二是出土物中的青铜雕像、神树及玉石器等，是无可争辩的国家级祭祀礼器；三是两坑相距甚近且具有相同的形制和统一的朝向，坑壁齐整，器物分层叠压，说明这是两次时间充裕并经过充分准备的大型祭祀活动。

倘若我们单从出土器物的整体情况进行分析，也可看出它们大多数应为代表国家神权、王权的超级重器，绝非一般人所能拥有。"一号坑"出土了大约 3 立方米烧骨碎渣，说明此次祭祀曾大量使用献牲，这种祭祀之法与文献记载祭祀天地、山川、鬼神之礼相近。《礼记·祭法》云："燔柴于泰坛，祭天也；瘗埋于泰坛，祭地也。"《礼记·春官·大宗伯》也云："以禋祀昊天上帝，以实柴祀日月星辰，以槱燎祀司中、司命、风师、雨师……以埋沉祭山林川泽。"换句话说，在

"一号坑"器物堆积燔燎情况

中国古代，焚烧有祭祀天帝日月星辰的作用，而埋藏则有祭祀山林川泽的作用，这两个条件三星堆祭祀坑都符合。由此，发掘者进一步推论说，两坑是三星堆古蜀国同一王朝统治集团内部不同时期权力转移及改朝换代所产生的结果。

接着，有学者根据这一线索进一步提出：三星堆祭祀坑是古蜀人的一处封禅遗迹。

何谓"封禅"？封禅是中国上古时代一项极为重要的典礼，流行于东周时期，系指朝代更迭时，受命而王的君主遍告天地诸神而举行的一次隆重祭祀活动，相当于后世的登基仪式或开国大典。近现代的开国大典往往只举行集会和阅兵仪式，而在古代，开国大典必须举行盛大的祭祀天地活动。从两个祭祀坑的埋藏情况看，这种新颖的说法显得颇有见地，也符合两坑时代不同的论点；更为重要的一点是，古蜀王朝之间权力的更替从传说、记载看，似乎不具有浓烈血腥的成分，大型的战争极少发生，有的只是"尧之禅让"一类的和平演变。因此，我们有必要让大家一起来重温古蜀国开国大典的盛况。

按文献记载，柏灌、鱼凫、杜宇三代蜀王都有可能是三星堆的主人，他们取代前王登基时，是在一种正常的（不排除战争）权力范围内进行交接的。每一代蜀王登基时，都有可能举行隆重的"封禅"大典。

大典当天，三星堆古城的人们都兴高采烈地簇拥到祭坛四周，空气中弥漫着一种节日的气氛。新的国王手执金杖，头戴皇冠，身穿法衣，拾阶而上，登上了祭坛的最高处。他的目光镇定自若，步伐也显得矫健有力，他知道今天是个特殊的日子，他将在众目睽睽下接受全城人民的朝拜和祝贺。早几天，负责"封禅"仪式的大法师就已择定了这个黄道吉日。因此，我们看见三星堆古城上空的天色是蔚蓝的，太阳像一只灯笼一样挂在城头上，暖洋洋的。人们把祭祀天地众神的礼器都从国家宗庙中搬了出来，按顺序摆放在祭坛四周，下面还堆起了一摞摞柴火。

献牲准备得十分充分，有鹿、象、猪、牛、铃羊等，负责宰杀的屠夫们提着明晃晃的刀围着这些动物跳舞。稍远一些的空地上，几十个工人正拿着石锄石铲挖掘土坑，一个小头目模样的人拿着一根皮尺似的绳子在那儿量来量去。所有的工作都按照事先的安排，准备得有条不紊。

一阵锣鼓声响，"封禅"仪式开始了。新的蜀王在大法师的陪伴下站在祭坛的高处，面向文武百官和黎民百姓。人们听见法师的嘴里传出了美妙的祭文。他一边祈祷，一边率领民众跪拜和歌唱。大火熊熊燃烧，那是一圈被堆得里三层外三层的干枯柴火，里面有刚刚宰杀的献牲，有从国家宗庙中搬出来的礼器，浓烟滚滚，上达天庭，人们闻到动物的皮肉和骨头被焚化的焦煳味，看到青铜也在高温下碎裂和熔化。

伟大的国王昂首立在祭坛高处，火光映红了他的脸膛和头上的高冠，风撩起了他身上的王服。他双手轻轻地合于胸前，长久而默默地祷告着。他想遍告天地山川诸神，从今天起，我奉天之命行使国王的权力，愿你们保佑这方人民衣食富足，安居乐业，保佑我的基业万代长存，一切战争、洪水和瘟疫都将远离我们。

接下来，古蜀人开始饮酒狂欢，并围着那堆尚在燃烧的柴山欢呼雀跃。最后人们兴奋莫名地把尚未冷却的骨渣、灰烬和各种烧坏砸坏的礼器一筐筐往坑里倒……

被焚烧的青铜人头像

有人说，既然封禅仪式是一场喜庆活动，为什么还把各种礼器砸烂烧坏呢？殊不知，中国新石器时代晚期以来的祭祀多有这种风尚。比如，在江西新干大洋洲发掘的"新干大墓"是与三星堆祭祀坑同时的古代遗存，共出土玉、铜、陶等器物近 2000 件，其中大部分器物在埋藏前也遭到不同程度的损毁。玉器中的璧、玦、琮均残缺不全，三件大玉戈被折成数截；铜器中的重器——圆腹鼎，被人为地砸出了两个窟窿，铜刀铜剑和匕首等也被折成数段加以叠放。这种现象不能单纯地理解为破坏行径或发泄性行为。在古代，祭祀礼器属国家庙堂重器，一般人哪来那么大的福气消受，只有被神化了的国王、天子才配享用，所谓"神器有命"是也。因此，焚烧或打砸的行为从某种意义上说是敬畏，而非轻亵。尤其是当这些礼器用于祭祀天地山川时，心中的虔诚必然导致人们把这些礼器无私地奉献给上述神灵，而打砸与否关乎神灵们最终得到或得不到这次祭祀。

封禅仪式在中国古代并不多见，这大概是由于频繁的封禅会导致大量的国家重器流失，有损国力，即使是国力强大的君主们也不敢轻易享用，因此留下的遗存也十分稀少。司马迁曾以总结和告诫的语气说："封禅之符罕用。"当然，这可能仅仅是中原的标准，而在古代蜀地，封禅仪式看来还十分盛行。根据两坑发掘报告，我们知道"一号坑"和"二号坑"不是同时营造的，而且早期的"一号坑"所埋器物比"二号坑"数量更少，贵重程度更低，这恰好说明两坑是随着国力的增长而先后出现的封禅遗迹。"一号坑"的封禅仪式要简约一些，而"二号坑"的封禅仪式要隆重一些。

一场宏大的结盟

三星堆两个祭祀坑所呈现的文化内涵异常丰富和诡秘，以至于发掘之后的许多年间，人们仍在不停地思索和争论。关于两个祭祀坑，近年来有一种新的说法，即两个祭祀坑为古蜀人盟誓遗迹。

在诸侯林立的春秋战国时代，尽管战争像田野里的风一样连绵不断，但与之相伴的盟会活动也十分频繁。据《春秋》所记242年诸侯列国间的军事活动（战争、侵略、吞并等）共有483次，而具有和平性质的盟会活动也毫不逊色，达到了450次。由此可以推论：古代的人们并非荒谬和愚蠢到了只喜欢战争的程度，相反，和平才是他们所祈求的。《释名·释言语》解释"盟"字时说："盟，明也，告其事于神明也。"《春秋正义·鲁隐公元年》则将盟誓说得非常形象具体："杀牲歃血，告誓神明，若有违背，欲令神加殃咎，使如此牲。"译成白话就是：各位神明你们听清了，我今天与某某结盟，一言既出，驷马难追，万一有人违誓，你们一定要降罪于他，使他和这些被宰杀的牲口一样立时毙命，死无葬身之地。

从三星堆两个祭祀坑的实际情况看，盟誓的遗迹并非没有，而且还相当像模像样。比如"一号坑"出土的大量动物骨渣，经发掘者确认，都是在焚烧前被放过血的，而歃血是盟誓的主要特征和手段之一。在山西侯马东周盟誓遗址中，即发现大量的牲被使用，只不过三星堆祭祀坑的牲都是经过大火焚烧的，其中原因当然不排除地域文化和习俗的差异。"盟"既然是"告誓神明"，那么焚烧时的滚滚浓烟不是能更好地起到"上传下达"的作用吗？

此外，青铜大立人像和各类人头像、青铜面具到底是古蜀人供奉的神巫，还是属于当地不同部族的"族徽类"标志，都是值得思考的问题。青铜人头像的发饰、冠饰为何出现那么大的差别？为何有的青铜头像上还戴着金面罩？青铜面具造型也不同，有"纵目面具""人形面具""兽面具"。难道三星堆王国所供奉的神灵是如此庞大的一个群体吗？难道古蜀人搞的是"多神教"，拥有一个驳杂多样的信仰体系？看来，这里面还是有不少疑问或破绽值得我们深究。

发饰奇特的青铜人头像

《蜀王本纪》云："蜀之先称王者有蚕丛、柏灌、鱼凫、开明，是时人萌椎髻，左衽，不晓文字。"因此从服饰文化上来说，椎髻和左衽（两片衣服抄拢在左边腋下开口，并从上至下缝制纽扣）是古蜀人的重要特征。古代西南地区较大的几个族团通常也以发式相区别。据《史记·西南夷传》和《魏略·西戎传》记载，夜郎、邛都、滇和僰的部族均梳椎髻，而氐、巂及昆明等地的民族或部族脑后留发辫。三星堆祭祀坑出土铜像则上述两种发型都有：如包括青铜大立人像在内的戴冠者和插笄者，其发饰均为椎髻；青铜人头像中又有不少头发梳成发辫的形象出现。因此，我们感觉这是一个以蜀国为中心的西南族团大联盟，当中有以三星堆为中心的地地道道的蜀人，也有来自更远的氐、巂及昆明等地的部族，它们组合成一个大的地方同盟。

青铜人头像的发饰装束

是否可以这样设想：青铜大立人像代表三星堆蜀王，因为他是这次盟誓的东道主和主角，国力又最强盛，所以造像格外突出和引人注目，他手里遗失的东西也许不是琼一类的礼器，而是一个民族大团结的标志性器物；而其余的人头像、青铜面具则代表了参与此次盟誓的各部族首领，他们中有蜀地周边的小部落，也有来自昆明等地的异族部落。假如这个推测成立的话，那么，成都平原在商周时期就存在一个蜀族大联盟。还有一点值得注意，即多数铜像内腔还保留着"新鲜"的范土，并且坑内骨渣中也发现有用于铸造的泥芯和铜渣。这说明铜像不是很早就铸造好悬挂于庙堂之中，而是因为临时所需，才集中所有的工匠进行大规模铸造，什么样的族团雕刻什么样的族徽模具，都有讲究。

古蜀时候，三星堆确乎是一个兴旺发达的中心城址，这里聚居着一支政治、经济、文化、军事都相对发达的蜀族，它的影响力和威慑力是巨大而深远的。在这个中心城址之外，在广袤的川西平原和周边山地，以及更远的云南等地，还居住着大大小小的不同族团。过去族团之间的摩擦和小规模战事已令人厌倦，人们不希望看到流血、凌辱等民族间的纷争影响彼此间的团结、贸易和文化交流。也可能是各族团慑于三星堆王权的压力，主动前来结盟——总之，通过各族团外交家们的共同努力，他们达成了缔结友好同盟的协议。盟誓仪式的地点当然选在三星堆，因为只有三星堆王国才有充当盟主的实力。这一天，各族团首领带着他们的誓约和贡品，千里迢迢赶到三星堆古城。蜀王在自己的宫殿里接待了他们，并且举行了盛大的欢迎酒会，然后大家携手来到盟誓现场。那些新铸造的代表各族团"族徽"的青铜人像、头像被一一陈列出来。来自远方的首领们对三星堆工匠的手艺佩服得五体投地，他们一边赞叹，一边仔细抚摸。蜀王接受着他们的阿谀和恭维，举止间透露出一方霸主的豪迈气概。跟随这些首领而来的各族团使者，也受到这种气氛的感染，大家化干戈为玉帛，相互拥抱。

盟誓现场旌旗飘飘，各族团带来的用于盟誓的动物中有许多头大象。献牲被宰杀以后，血被盛在精致的陶器中，这是一盏盏热气腾腾的血。大家绾了绾袖子，把这些血坚定地端了起来。三星堆蜀王以盟主的身份发表讲话，他的语气平和而坚毅，代表了一个成熟的政治家应有的风度。各族团首领频频点头，一致认可蜀王所讲的和平共处若干项原则。然后，大家一起对天发誓，一仰脖子把热腾腾的血都干了。仪式和焚烧也随之开始，信誓旦旦的话语伴随着浓烟飘向远方。

最后，大家把结盟的象征物（铜器、玉器、金器等）一齐砸烂，让所有的真诚都归结到两个实实在在的土坑中，参加盟誓的各国代表坐在屏风后饮酒高歌，大家都为这次成功的结盟感到欢欣鼓舞……

蜀王大墓

无论我们把三星堆祭祀坑看作是"盟誓遗迹"也好，"失灵神物掩埋坑"也好，或者是"不祥宝器掩埋坑""亡国宝器掩埋坑""祭祀坑"等，但仍有一个问题解决不了，那就是：为什么蜀王生前使用的金杖会被埋入坑中？因此有学者根据这一疑点，以及器物被毁损后又极有规则地加以埋藏的情景，提出这两个坑应属死于非命的某代蜀王的墓葬，其论据主要有以下三个方面。

首先，金杖和神树（如果它真是一株摇钱树的话）都是蜀王的私人用品，而现在却凄凉地埋于土坑中，这无疑与蜀王的身世有着某种关联。我们知道，"一号坑"发现的、在中国考古史上仅此一例的金杖，长142厘米，上端有46厘米宽的三组平雕图案，分别为前后对称的戴冠坠珥的人像和两两相背的鸟和鱼，极具皇家气派。当蜀王挂着它上朝或参加各种仪式时，人们的目光追随着这根金杖，就像追随着一面旗

一号祭祀坑的铜龙柱形器

帜。考古现场还发现，距这根金杖不远的地方有一青铜龙首饰件，估计应是金杖上端的龙头把柄。虽然金杖出土时杖中的木棍已碳化无存，但研究者们一致认为，它是一根象征王权的金杖，蜀王的大手曾经挂着它在三星堆古城走来走去，发号施令。青铜人像、面具等器物存在诸多有关用途和寓意方面的歧义，但金杖则是有定论的。从中国传统丧葬习俗进行考察，这种君王平时使用的随身之物，只有在一种情况下可能被埋入地下，那就是随葬。

其次，虽然坑内大量焚烧的骨渣被确认为动物骨渣，但也不排除有人体骨渣混杂其间的可能性。只是由于动物骨渣的数量大，而人体骨渣的数量极少（或许只有死于非命的蜀王一人），因而即使采用现代科技手段也难辨识。

第三，从青铜大立人像、青铜人头像、青铜面具内遗存的泥范来看，它们在埋藏以前似未在庙堂中使用和悬挂很长时间，而是刚被铸造出来不久。它们为什么被临时集体铸造？难道是为了应付"蜀王暴亡"这一突发的重大政治事件吗？

综合以上三点，我们不妨作如下推测：在一次大规模的狩猎活动中，蜀王带领近臣围捕猎物，丛林中人欢马叫，打头的猎犬在丛林中嗅来嗅去，寻找猎物的踪影。蜀王骑在一匹枣红色的骏马上，手里挽着一张良弓。突然，一只凶猛的野豹从树杈上跳下来，用它匕首一般尖利的牙齿咬伤了蜀王的脖子。这样的意外在中国历史上并不是没有，黄仁宇的《万历十五年》就说明朝的正德皇帝是一个喜欢冒险和无拘无束的人，曾经带领士兵到北方的边境去迎击入侵的敌人。他放着自己的豪华马车不坐，而喜欢钻到又拥挤又颠簸还散发着种种臭味的士兵的马车里去。有一次，这个正德皇帝到南方的江河里参加捕鱼活动，他独驾轻舟，在江面上纵横驰骋，不想风高浪急之下，连船带人都被打翻了。随从们手忙脚乱地把像一只落汤鸡似的正德皇帝从水里捞起来。正德皇帝受了凉，又被突如其来的惊吓弄坏了神经和内分泌系统，回到京城就一病不起，虽经多方医治，最后还是呜呼哀哉了。

而蜀王的这次意外惊吓和受伤丝毫不比正德皇帝差，当随从们把他用快马送回宫中疗伤时，他的气息已十分微弱了。宫中所有的太医都被召集到蜀王的病榻前，蜀王的母亲甚至高额悬赏，谁要是治好了蜀王的伤，就把蜀国二分之一的财富都赠给他。然而蜀王的伤势的确太重，野豹的牙齿像钢针一样刺穿了他的喉咙，尽管太医们使尽了浑身解数，也救不了蜀王的尊贵性命。

消息传出，举国哀恸。

按照蜀国宫廷的丧葬典制，对那些因意外原因亡故的君主，都要举行特别的葬仪，因为他并非寿终正寝平平安安地老死宫中，而是在丛林中出事意外身亡。因此，他的亡灵是不安的，需要举行一个特殊的仪式进行超度。于是，在皇族们的安排下，蜀王的尸体被火化。伴随亡灵升上天宇的，还有他平时喜爱的金杖和摇钱树。蜀国的人都清楚，这根金杖的铜把柄经蜀王天天抚摸，已经变得又光又亮，就跟刚上过油打过蜡似的。他白天随身携带着，晚上睡觉时就搁在床头，斜靠着那一株珠光宝气的摇钱树。这都是他平时喜爱的、用惯了的东西，理应让他带走。此外，人们还把庙堂里的玉器、尊、海贝、象牙等物品搬出来，又杀了许多的动物，还集中全国的工匠临时铸造了大批青铜器，把这些东西一起焚烧砸烂了，献给另一个世界的人们所尊敬的蜀王。这么隆重的一个超度仪式对于一国之君来说，实不为过。蜀王虽因意外原因到另一个世界去了，但蜀国的百姓仍然真诚地像他生前那样对待他……

于是乎，我们就看到了这两个特殊的"蜀王大墓"，看到了一根蜀王使用过的金杖，看到了古蜀国所拥有的大部分财富。

置 疑

——三星堆文明是外来文明吗

二号祭祀坑出土的铜人面具

三星堆文明震惊世界，是因为人们看清了这支文明空前绝后的高度，它不是仅仅依靠传说，而是依靠实实在在的考古发掘。俗语说：眼见为实，耳听为虚。那么多大型的青铜器，那么多精美绝伦的玉石器，那么多贵重的金器，都出在一个"偏远"的名叫"蜀"的远古文化遗址中，这不是天方夜谭吗？按照传统中原文化的价值取向，蜀地可称"夷"（司马迁《史记》就是这么称呼的），代表的是荒蛮、愚昧、落后和不开化。凭着这种蔑视般的价值取向，古蜀文化的品质在人们的想象中必然缺乏雍容大度的气派和博大精深的胸襟，相对于中原文化这个"大家闺秀"来说，古蜀文化甚至连"小家碧玉"也算不上，只能称之为粗陋村姑或小丫头。然而，这种想当然的臆测早已被考古事实推翻了：20 世纪 80 年代三星堆祭祀坑被发现，2000 年商业街蜀王家族墓地（巨型船棺葬）

被发现，2001 年成都西郊金沙遗址被发现……这一系列连珠炮似的重大考古发现，逐渐改变了人们惊愕和无所适从的表情——毕竟这些发现都是客观真实的，不由你不相信！

换一种角度，像三星堆遗址、金沙遗址这样的重量级考古发现，莫说在蜀地，就是在中原也足以叫人吃惊的了。那么，问题也跟着出来了：如此灿烂辉煌、光照千秋的文明真是由古蜀人一手创造的吗？他们当时连像样的文字都没有，能够创造出这样一种惊人的文化吗？假如不是古蜀人创造的这种文明，那么又会是谁把这种文明带到了蜀地？诸多疑问引起了考古学家和相关领域的学者们浓厚的兴趣。

"本土文明"说

"本土文明"说，是四川地区长期从事田野考古工作的一批青年考古学家们所持的观点。他们认为，尽管三星堆文明有外来文化的因素，但其文明主体仍然是古蜀人所创造的，大量考古材料和发现都可以证实这个观点，尤其是 20 世纪 90 年代以来成都平原一批古城遗址的发现，已为三星堆文明的出现作了有力的铺垫。换句话说，三星堆文明的出现并非突如其来，而是具有长时间的铺垫和酝酿过程。考古学家们把这一铺垫（或者文化遗存）命名为"宝墩文化"。

宝墩文化前后发展约 800 年，它的主要遗迹包括新津宝墩遗址、都江堰芒城遗址、郫县古城遗址、温江鱼凫村遗址，以及崇州市双河城和紫竹古城等。这些至今尚有迹可寻的远古人类居住的城址，其年代根据碳 14 测定，距今约 4500 年，最晚的一个距今 3700 年左右，而三星堆文化的年代上限也是距今 3700 年左右。也就是说，宝墩文化的下限刚好与三星堆文化的上限相衔接，两种文化在时间上是相互承接的。

从地质学的广阔视野进行观察，我们可以发现，成都平原是由岷江、湔江、石亭江、绵远河等从周边山地发源的河流冲积而成的，河流由西北向东南呈辐射状流经平原，最后汇入沱江、岷江。由于河流在流经平原的过程中时常改道，因此就在平原内部形成了许多平行于河流的垄岗状台地。远古时期的人们在漫长的生产生活过程中，发现这些台地十分有利于人类的居住繁衍和劳作生息，便相继建立起了一批古代城址。通过对这些城址的观察，我们发现它们数量众多，年代久远，最大的城址（宝墩古城）面积有 60 万平方米，小型的城在平原台地上更是星罗棋布。据此可以想见，在三星堆文明之前，成都平原已十分热闹繁华了。

新津宝墩遗址城墙

此外，现在各城址尚存的一堵堵高大城墙也向人们昭示着国家和文明的存在。在已经发现的六座大型城址中，有五座呈方形或长方形，城垣笔直高大，拐角为规整的圆弧形，芒城和双河古城甚至还修筑有双重城垣。几个古城的面积据考古学家们的最新测定：宝墩古城为 60 万平方米，鱼凫城和郫县古城超过 30 万平方米，芒城、双河城、紫竹古城则在 10 万—20 万平方米之间。它们全都无一例外地建筑在与河流平行的台地上，开启了成都平原历代筑城传统的先河。同样，三星堆古城也是建筑在与鸭子河平行的台地上，只不过因为后来河流改道，使城中也形成了低洼地和台地两种地貌。如果从地形和年代判断成都平原所有商周时期的古城遗址，它们其实同属于一个文化体系。其中的三星堆遗址只能算是这个体系中的一环，并无奇特之处，也没有外来文化因素干扰的影子。

再从细部进行观察，宝墩文化时期的古城遗址与三星堆古城遗址，其筑城方式是完全一致的。首先在平地堆土进行夯筑,堆筑到四五个大层后,再从城墙的内外两侧进行斜坡夯筑,城墙就随着泥土的增多而不断加宽、加高;筑好以后的城墙,其内侧斜坡较缓,便于人们登城防御;而外侧的坡度则相对陡峭,可直接面对洪水灾害或来犯之敌。同时,由于筑城时大量取土,往往使城墙的内外两侧形成很深的沟壕,这对防御也极为有利。三星堆古城现在的城墙和城外的沟壕便是这个样子。

通过大量的考古发掘,考古学家们还在三星堆遗址发现了大量商代民居类房屋遗迹。根据对房屋基址的解剖证实,这些房屋均为地面式木(竹)骨泥墙建筑。其修筑方法是先在地面挖出房屋基槽,然后再在基槽内密密地插上小圆木桩或竹子,外观看起来像一排篱笆,其实是房屋的墙体。下一步则用草搅拌泥巴涂抹在竹木墙体上,为了防潮和更加坚固耐用,古蜀人还对墙体进行适度的烘烤。目前三星堆民居屋顶建筑是何面目,因未有实物发现,所以不得而知。这样的建筑传统和民居样式在宝墩文化时期的几座古城也多有发现,这说明三星堆文明时期的建筑传统是和宝墩文化时期完全一致的。

三星堆遗址出土的玉器、石器形制精美,有着高超的打磨和钻孔技术,这一点也能从宝墩文化时期的遗存中找到影子。宝墩时期出土最多的是磨制过的精细的小型石器,尤以斧、锛、凿最为常见。石斧表面往往制成顶窄刃宽的长条形,而凿的石质已经接近玉了。从目前发现的凿来看,制作十分精细规整,同时还可发现当时的人们已经熟练掌握了石器钻孔技术。石器中的刀、铲和钺均为单面钻孔,从孔内遗留的痕迹看,应为较先进的管钻技术。此外,还发现了大量有切割痕迹的石器成品或半成品,依据切面痕迹可断定为线切割技术。以上两种石器的制作技术在三星堆玉石器中均普遍采用,这说明两者间有明显的传承关系。当然,三星堆玉器的制作技术已经超越了宝墩时期的石器制作工艺,这一点是毫无疑问的,它恰好说明了文化内部的继承和发展关系。

陶器是中国远古文化中最常见的物质遗存,它对于研究古代文化的发展变化有着十分重要的参考价值。以三星堆出土的陶器来说，在第一期也即三星堆文化的形成期，陶器多为夹砂陶，主要器形有小平底罐、敞口深腹平底罐、绳纹花边口深腹罐、高柄豆、细颈壶、鸟头把勺、圈足器、器盖等。这一时期的小平底罐多为圆肩深腹，肩径明显大于口径，其器形明显与宝墩文化后期的矮圆肩罐是一脉相承的。随着制陶工艺的不断发展，三星堆文化二期出现的泥质陶的比例开始下降，夹砂陶明显增多。一期中常见的器物如敞口平底器、绳纹花边口罐、平顶无纽器盖等已消失，一些器物的形态也发生了变化，如小平底罐的腹部开始变浅，平底器的直腹变成了弧腹，鸟头把勺的鸟喙变短且制作更加精细，高柄豆出现竹节状柄。

宝墩文化中的陶器——小平底罐

当我们在观察宝墩时期的陶器时，发现其代表性的器物有绳纹花边口罐、圈足罐、敞口圈足尊、喇叭口高领罐、宽沿平底尊、敛口瓮、深腹罐、窄沿盆等，整个陶器群的制作风格盛行小平底和圈足，这一特征在三星堆文化的陶器中曾被广泛使用。

通过以上对三星堆古城遗址和宝墩时期文化遗存的对比，考古学家们坚信，三星堆文明除了少部分受到中原"二里头文化"和西亚文明的影响外，其主体文明成就仍为古蜀人所创造，因为这种文明赖以生存的物质基础都是从宝墩文化发展过渡而来的，三星堆文明的出现并不是孤立的、突兀的。尤其是 2001 年金沙遗址被发现后，人们除了看清三星堆文明的来源，同时也看清了三星堆文明的去处。可以说，三星堆文明是商周时期古蜀文化链中不可或缺的一环，并非外来文明的移植。

到哪里采集金矿、铜矿和玉料

有一个问题可能关系到三星堆文明的最终归属，那就是大量的青铜、黄金和玉料是从哪里来的？由这个问题所引发的还有下面一连串的问题，即：古蜀人是否具有铸造和打磨加工这些精美器物的能力？倘若这批器物不是出自古蜀国工匠之手，那么能够铸造这些器物的外地工匠又是如何来到蜀国的？他们是文化交流的使者，还是被捕获的战俘？所有这些问题都已经引起人们广泛的兴趣，而妥善圆满地回答这些问题，又事关三星堆文明的来龙去脉。

三星堆两个祭祀坑一共出土了包括金杖、金面罩、金虎等在内的100余件金器，是我国一次性出土商代金器数量最多的一例。如果再把金沙遗址中的金器加起来，更可谓数量惊人、蔚为大观了。而且从年代上讲，这批金器的制作至少比楚国的金饼和金钣早几百年，这说明古蜀人对金矿的采集、制作和使用已经达到非常娴熟的程度。从金杖上的纹饰到薄如纸片的面罩，无一不说明古蜀人对"金"这种贵重金属的运用能力。古代的人曾按金的颜色和质地把金分为三品，黄金为上，白金为中，赤金（铜）为下。古蜀人能够熟练地制作和冶炼金中上品，足可见其对金的认识源远流长。

三星堆出土的金虎

古蜀人大量制作金器势必需要足够的金矿供其开采，否则，是不可能一次性出现如此多的金器的。那么古代蜀地有无丰富的金矿资源呢？据《华阳国志·蜀志》记载："（古蜀地）其宝则有璧玉、金、银、珠、碧、铜……之饶。"按此说法，古蜀地应有丰富的金矿资源，否则怎一个"饶"字敢当？但是从已知的矿产分布和对三星堆周边环境的考察，我们发现三星堆周边并无金矿分布，在附近的河流中也找不到金沙的影子。由此可见，制作三星堆金器的金矿并非源自本地，而应是从别的地方开采并运回三星堆进行冶炼的。

我们之所以说祭祀坑出土金器是在三星堆进行冶炼制作，是因为与之同时出土的青铜器大多带有新鲜的泥范，并且还在坑中发现了少量用于铸造的泥芯和铜渣。从金和铜的自然属性看，金的熔点低于青铜，其柔韧性和延展性也比青铜要强，加工的难度相对要小一些，因此可以断定古蜀人在金和铜的利用上大约是同时开始的，或者先学会冶炼金，再学会冶炼铜。也许有人会说，三星堆至今未发现大的金属冶炼及加工制作作坊，那么多的金器、铜器岂不是从天而降？我们说这个问题关系到考古实践中的偶然性因素，这就好比说，金沙遗址在发现以前，有谁知道成都西郊还有一个比三星堆遗址稍晚一点的灿烂文明？

根据考古实践中的这一偶然性因素，说不定哪天会在三星堆遗址内发现大型的金属冶炼厂哩，而且还可能发现古蜀人在技术尚不成熟的状态下制作的粗陋的青铜器。

那么在成都平原的周边，哪里是富饶的金矿出产地？根据已有资料可以很清楚地看到，青藏高原的东部自古出产黄金。其比较著名的产金点就有三个：一是位于四川西部雅砻江和安宁河之间的丽水；二是云南的金宝山和三面山一带（横断山脉的怒江、澜沧江流域）；三是西藏地区。西藏地区金矿之富是自古闻名的，西藏的弃宗弄赞为了向唐皇室求婚，一次性就向唐皇室进献了五千两黄金作为聘礼，这是一个多大的数字！

相比较而言，三星堆古蜀王国从西藏采集金矿的可能性却较小。因为两者相距过于遥远，而且当时的交通和自然环境都处在原始的恶劣状态。剩下一种可能，就是到云南的金宝山、三面山或丽水地区采集和贩运金矿。据史料记载，丽水地区的黄金开采公元七世纪以前就开始了，而且产量甚丰。《韩非子·内储说上》甚至记载了一则丽水采金的可怕故事。大意是说，丽水一带由于黄金埋藏量异常丰富，招致许多人千里迢迢赶来偷采。官府为了禁止这种行为，便制定了一项法律，规定黄金乃国库所有，凡偷采者被抓住以后均被施以一种叫"磔"的刑法。所谓"磔"，即是用刀把人卸成几块。但是仍有许多人置"磔"于不顾，冒着砍头的风险偷采金矿。官府没法，就开始"磔"人，结果被"磔"的人太多，以至于把丽水的河面都阻塞了。由此可见，丽水金矿不但含量丰富而且容易开采，一般人无须什么工具就能大量采集；另一种可能就是，这里的金矿完全是露天的，连河中的沙子里也含有一些金沙。丽水地区的金矿开采一直持续到近代，四川军政要人刘文辉统治西康时，就曾在那儿开办过两座金厂。时至现代，丽江地区白玉县的老百姓还发现过数斤重的天然黄金。可以说，丽水金矿虽然经过数千年的大量开采，仍有丰富藏量。

三星堆要从丽水采集并运回金矿石，按照当时的情况来说，应有很大难度。但是我们不要忘记，印度洋周边的海贝都曾大量出现在三星堆的王宫里，采集四川西部边陲的黄金还不成了小事一桩？况且，据史料记载，古蜀国的势力范围和影响曾经到达丽水地区，虽然采集和运输可能颇费人力，但也不是没有可能。

徐中舒先生曾指出：楚国的黄金也主要来自丽水。当时楚国曾流行两种金币，一种是圆形的金饼，另一种是版状的金钣，可见其使用量颇为巨大。楚国离丽水的距离当然比三星堆离丽水的距离要远得多，因此，三星堆从丽水地区取得金矿石就不是一件难以做到的事。据考证，楚国从丽水得到金子主要是依靠一条水上"黄金通道"，即从严道通往青衣江，再从青衣江进入长江。当时楚国为了以黄金充实和壮大国力，曾在云南的楚雄地区设置官吏，专门管理黄金的运输和周转。甚至在现当代发掘出土的楚墓中，我们还能见到大量当时用于衡量黄金的精致的小天平和小砝码。

以上一大堆论述其实只是想说明一个问题：三星堆古蜀王国虽然离丽水很远，但也完全可能从那儿采集到金矿并制作自己想要的产品。

紧接着，第二个问题又出来了：三星堆众多的青铜制品一定耗费了不少铜矿，那么这些铜矿又是从何而来？成都平原并不产铜啊。尽管文献中有过夸夸其谈的说法，说什么蜀地自古有铜、金、铅、锡之饶，其实并没那回事。后来经过考古学家们的论证，三星堆铜矿可能取自两个地方：一个是今荥经及西昌一带，另一个就是云南。两相比较，取自云南的可能性可能更大一些，因为西昌虽有铜矿，但藏量不是特别丰富。为了彻底弄清这个问题，四川省专门研究青铜器的曾中懋先生以及中国科学院有关部门，都对三星堆青铜器进行了取样分析，结果他们的看法一致，不但青铜器中的铜取自云南，就是铜器中所含的铅也是从那边过来的。看来我们完全不能低估古蜀人对金属矿物质的开采和运输能力，不管他们是用人背也好，用牛车拉也好，总之他们把金、铜之类的矿石从千里迢迢之外的地方弄回来了，这就是明证。

第三个问题，即三星堆玉料是从哪里来的？我们知道三星堆遗址前后共出玉石器上千件，构成一组洋洋大观、光彩夺目的古蜀时期"玉文化"，这还不包括金沙遗址出土的数量更为惊人的玉石器群。三星堆出土的青灰石边璋和玉牙璋已被评为国宝级文物；玉石璧中最大的一个外径竟达70.5厘米，形如井盖，重逾百斤。1929年燕道诚所发现的一组玉石璧，从小到大依次叠置在坑中，最小的一个外径仅为两三厘米。在对三星堆玉石器进行矿物质分析的时候，我们发现其质料包含了硅质、石英、蛇纹石、透闪石、阳起石以及角闪石等，这些质料不同的玉石器从本质上讲，都为软玉。从许多玉石器上的斑纹和灰褐色、棕黄色沉积物分析，三星堆玉石器当出于成都平原周边山区。

读者可能已经发现，我们在说玉时，把石也一并包括在内了。其实，"石之美者为玉"，古人并不把二者截然分开。根据史料记载，西蜀自古以来就是出产美玉的地方，其产地主要集中在龙门山、玉垒山、湔水和岷山一带。刘昭注引《华阳国志》即说："玉垒山出璧玉，湔水所出。"由此看来，三星堆时期的古蜀人采玉完全不必像采铜采金那样劳神费力，几乎算是就地取材、唾手可得。

玉　璧

关于玉石的采集，古人尚有许多讲究。《天工开物·珠玉第十八》记述说："秋间明月夜，望河候视。玉璞堆积处，其月色倍明亮。"同时还说："河水多聚玉，其俗以女赤身没水而取。"按照这种说法，我们似乎可以推测三星堆古蜀人取玉时的情景。夏日晚上，月光明亮，人们站在水边静静地等待河中的玉石发出光来。玉是温润柔媚的象征，传说下河摸玉的都是赤裸的女人。有一种说法认为，古蜀国曾经是母系社会，著名的蜀王鱼凫就是一位女子。那么，此时她会在水边取玉吗？她的眼睛可能比最美的玉还要温润动人，皮肤比最软的玉还要光滑。河边采玉的场景可以说是蜀文化中阴柔文雅一面的极好象征。

一支来自泰山的神秘部落

尽管从考古学的角度出发，我们能够找到足够的证据，证明三星堆文化是本土文化，它的发生发展和延续都是有依据的，整个过程也可以说是丝丝入扣没有断裂，但还是有少数学者勇敢地站出来，从另一个不为人注意的角度提出新异的看法，一时间又波澜突起。

过去，曾经有学者注意到三星堆所出土的青铜神树、人像、面具、金杖等都为华夏文化所罕见，实属中国传统文明中的"异数"。尽管古蜀文化完全有可能同中原文化有大的区别，但这种文化却又明显同异域文化的某一支有神似之处，仿佛一母所生。我们知道，在古埃及、古西亚、古爱琴海、古印度文明中，青铜雕像、青铜或黄金神树、黄金面罩都是常见的，比如在美索不达米亚平原乌尔地区，就曾经发现过公元前30世纪初的青铜人头像；在尼尼微也发现过公元前28世纪的阿卡德·萨尔贡一世的大型青铜人头雕像、青铜人物雕像和动物雕像；在美索不达米亚平原的乌尔王陵甚至出土过树枝上有带翅山羊的黄金神树；此外，安那托比亚也出土过公元前22世纪的神树，树上一样缀满各种人物和动物雕像……而且更重要的是，上述文明的时代都比三星堆文明要早。

三星堆出土的青铜造像，其人物面部造型诡异，大多高鼻深目，样子宛若"洋人"。关于这一点，我们可以拿它和四川地区出土的汉代说唱俑作比较。说唱俑的面部线条柔和，五官起伏不大，甚至连笑容也是中国人所特有的，有一种自得其乐的东方式幸福感；反观三星堆青铜雕像，则有一种深沉、严肃的西域色彩。因此人们断定，三星堆文明里一定含有外域文化的因素。至于这种因素是通过什么途径带来，就不得其详了。或许三星堆古城里曾有一批印度或西亚工匠造访？

反对三星堆文明是"本土文明"说的学者中，有一个叫白剑的人提出了一种观点。他认为三星堆青铜器群是夏王室置于泰山的一组祭祀国宝，它"流落"于三星堆，乃是因为有一支叫"有缗族"的部落从泰山"偷"了这组礼器，千里迢迢来到广汉，从而出现了我们大家所看到的情景。尽管他的论述尚有许多不够严密的地方，但我们仍然从他的思路中感到"学术无禁区"的某种自由和独立精神。

首先，白剑肯定："三星堆青铜器群是一套完整的傩仪类祭器，即古人在举行盛大的祭天仪式时，用于布置在祭坛上面和周围的各种祭祀对象和象征性祭物。傩仪是华夏古文明中最典型最核心的神明文化。从这组祭器的规模和制作技术看，当是华夏民族中最高档最豪华的一套。它们身上负载和蕴含着典型的古代华夏神明文化。其中的龙、虎纹饰、通天神树及栖息在树上的十只金翅鸟内含的'十日'传说，还有太阳纹、饕餮纹、云雷纹等，均为华夏古代最典型的图腾，且与夏商时期青铜器上的饰纹如出一辙，特别是整套傩仪器具的布挂、角色安排、行傩方式和过程，几乎就是中原文明的照搬。"

接下来白剑分析了夏商时期蜀地青铜器的生产和制作情况，认为当时蜀地"并无生产青铜器的条件"，理由是：

二号祭祀坑出土的铜兽面具

第一，古蜀无铜矿可采。

首先，从目前已出土的青铜器的用铜总量来看，估计有 8 吨—10 吨纯铜（不包括冶炼和浇铸过程中的损耗）。按地质学上通常的经验，天然铜矿的含铜量一般在 10%—14%，也就是说，要想得到 10 吨纯铜，至少需要 100 吨铜矿。而四川境内的铜矿基本上集中在石棉县境内以及更南的西昌、攀枝花等地，其他地方没有发现铜矿的经历。石棉县离广汉三星堆的直线距离是 700 多公里，中间还隔着高山河谷，"古人"在交通不便的情况下，根本不可能从石棉取矿，然后运至广汉。如果再以广汉为中心向外画 100 公里的半圆，"境内亦无铜矿"。而且当时川西平原尚为水陆间杂、河泽遍布的地区，即便今天，深入地下一米多即可见水，附近哪里去寻找铜矿？

其次，"山中的铜矿生存于崖石之中，古人根本没有工具采掘，只能用石头敲击山崖，或用火烧水裂的方法采矿。即使采掘几百公斤的矿石，也需大量的劳动力和时间。那么如此之多的铜矿需要多少劳动力去采掘并运输到冶炼地？"

第二，古蜀人不具备高超的冶炼技术。

从三星堆祭器的造型和复杂精细的纹饰图案来看，当时的冶炼技术已臻成熟甚至完善，甚至可与现代青铜工艺媲美。"这些富含高科技的制品告诉我们，要达到如此精美完善的技术水平，至少需要几十代人的技术积累才能完成"。并且，"在漫长的技术积累过程中，会产生许多原始、简单的青铜制品，这些制品也会在当时使用并保存至今。然而迄今未发现过一件这样的青铜制品"。那些用于冶炼的工具和坩埚到哪里去了？那些堆积如山的矿渣为何不见？

再者，如此大规模兴师动众地采矿、伐木，大批工匠参与制作，多座坩埚同时冶炼，一次又一次地实验探索，从最初接触青铜器到最后拥有成熟完善的技术，这之间"至少需要几百上千年的时间"。而且这样大的一项工程，这样长的一段时间，势必会在历史上留下浓墨重彩的传说，就像夏禹铸九鼎的故事流传至今一样。然而遗憾的是，三星堆青铜文明既在文献上找不到依据，也在民间传说中寻不见踪影，难道它是从天下掉下来的吗？

第三，三星堆青铜器系中原有缗氏携带而来。

在否定了三星堆青铜器是古蜀人制造的以后，白剑进一步认为，这批青铜器应当是属于商代以前的夏代的器物，如果它们制作于商代的话，就应该有铭文记载制作动机和年代，然而，"此组祭器却未发现一个文字"。那么夏代的中原具不具备铸造这组青铜器的能力呢？白剑认为"夏代的中原，完全有能力铸造这组祭器"，并举夏禹铸九鼎和夏以前的黄帝"采首山之铜，铸鼎于荆山下"为例来进行说明。

至此，问题的关键出现了，到底是谁把这组夏王室的镇国之宝盗走并搬运入蜀的呢？白剑在翻阅《竹书纪年》及《帝相》《帝桀》时发现，当时山东一带有一支叫"有缗氏"的部族曾经率族南迁入蜀。关于这段史实，还有一段精彩动人的故事。话说夏朝初年的中原诸小国中，有一个居住在山东一带的小国叫"有缗氏"。这个国家民风淳朴，乐善好施，极其仁爱。族中的绝色美女也很多，她们个个心灵手巧，善于织绣，并世代有人入宫为妃者。夏朝第五代君王帝相，就娶了该国一个名叫"有缗氏"的女子为妻。有缗氏刚刚嫁给帝相不久，夏朝便发生内乱，原来是寒浞国一个名叫"浇"的国王举兵反叛，杀死帝相，夺了王位。亡国亡夫的有缗氏在夏朝待不住了，便带着身孕跑到邻国有仍氏去请求政治避难。有仍氏部族由于世代和有缗氏友好，又崇敬帝相，于是便在白色恐怖下收留了有缗氏，并将她保护起来。

不久以后，有缗氏生下一子，取名少康。少康从小聪明过人，很快成为有仍族的"牧正"（一种高级官员）。当他得知自己的身世以后，立志为父报仇。有一天，他用计杀了暴君"浇"，进驻夏国。诸侯听到消息后，都纷纷前往朝贺，并拥立少康做了夏朝的第六代君王。

二号祭祀坑出土的铜兽面

而当时有仍国与有缗国相距不过四五十公里，均在今山东泰安地区，以前都是小国，但由于有仍国保护了前世的皇后，又培养出一个皇帝，因此名声大噪。夏王室乃将其国名易为有缗国——有仍族和有缗族两族人实际合为一族了。按理说，有缗国拥有如此功劳，应该世世代代享受荣华富贵才对，有什么必要不远千里迁入古蜀国呢？

原来，夏朝的最后一代君王桀当政了。桀是个荒淫无道又残暴的君主，他见有缗国在诸侯中实力雄厚，就把许多修宫建殿的劳役分派给他们，一时间弄得民怨沸腾。有缗国与夏王室的积怨也越来越深。《竹书纪年》记载，帝桀十一年，有一天桀在一个叫"仍"的地方会见诸侯，却发现有缗族的首领早就逃走了。那么逃到何方去了呢？《竹书纪年·

帝桀》又记载，三年后，夏王桀发现有缗国已经逃到了四川岷山！桀一怒之下便命令一个叫"扁"的将领率兵攻打，无论如何要把有缗国斩尽杀绝。

为什么桀那么仇恨有缗国？难道是因为有缗国盗走了夏王室最珍贵的一套国家礼器吗？

白剑进一步推论：有缗族的居住地离泰山不远，而泰山在中国历史上有着举足轻重的地位，从夏、商国王至后代的封建皇帝，都要定期到泰山举行大型祭天祭祖活动，泰山当时很可能就是夏朝的国家祭祀地点，三星堆青铜器就曾经布置在泰山的祭坛上。由于有缗国是一个礼仪之邦、仁爱之乡，所以夏王室就命令他们守护泰山上的国家宗庙，这样，他们在逃离时"便带走了这套夏王室的唯一国宝"。

三星堆青铜器群数量众多，有缗国的人有可能把它们从山东背到四川吗？白剑分析道，三星堆出土的青铜器单件重量平均不过 100 公斤，对于健壮的古人来说，运输它们并不困难。"有缗族集体撤离时，至少有 1 万人，有 200 个壮汉轮流背负就能完成。况且，撤离时只是最初几天比较紧张，需要快速行进，以摆脱追兵；后面的时间则用得很长，大约用了几十年的时间才到达广汉"。

从时间上来说，白剑的推断似乎有误，因为桀发现有缗族逃离是在桀十一年，命令"扁"讨伐已经逃到岷山的有缗族是在桀十四年，中间只隔了三四年的时间。当然从岷山再到广汉三星堆最后落脚，也许花的时间很长，白剑也对此作了补充："有缗氏进入岷山后，由于不了解前面的情况，故在这里暂居了一段时期，因而蜀史才有'蚕丛氏始居岷山石室中'的传说。"他们为什么躲在岷山石室中？难道是怕被夏王朝的军队发现吗？难道是为了保护那些被他们拿走的夏王室的珍贵祭器吗？后来，"他们通过对南方较长时间的了解，发现前面并无危险，于是就大胆向南推进，穿过连绵起伏的丘陵，终于走进了成都平原"。

三星堆文明之源

——暴露在成都平原上的史前城址群

抛开文献、传说和各种推测，我们认为考古学方法论对于古蜀文化的研究和复原具有更加积极的意义。因为相比较而言，这种方法可以更直接地触摸到古代物质文明的核心，而无须通过推理、想象，避免了文献中的某些陷阱和缺憾，所以显得更科学、辩证和符合现代学术精神。

如前所述，三星堆文明是由当时的古蜀人所创造的，这种文明现象并非孤立无援，它有着清晰的来路和去路。来路即是遍布于成都平原的"宝墩文化"早期城址群遗迹，去路即是金沙遗址、十二桥文化遗址等稍晚之古蜀文化遗存。在这里，我们将向读者介绍暴露在成都平原上的几座早于三星堆古城的古蜀城址面貌，以及被历史所掩盖的城中居民的生活原状。

宝墩文化所出石凿

远古之城

　　1995 年以来，成都地区的考古学家相继在成都平原发现新津宝墩古城、都江堰芒城、郫县三道堰古城、温江鱼凫城、崇州双河城、崇州紫竹城等古蜀文化时期的早期城址，并对每座古城的城墙和文化堆积较厚的区域作了解剖和发掘，从而对上述遗址的文化内涵有了较为清楚的认识。尽管几个古城的年代不尽相同，但它们的文化面貌在总体上却是一致的，均有一组贯穿始终而又区别于其他考古学文化的独特器物群，无疑应属同一考古学文化遗存。同时，它与三星堆文化遗址一期（也即萌芽期）是相互衔接的。换句话说，宝墩文化是三星堆文化的胚胎和母体，没有宝墩文化的铺垫，也就没有三星堆文明的辉煌。

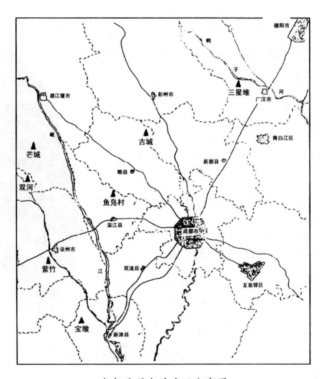

成都平原史前城址分布图

为什么要把成都平原早期城址群命名为"宝墩文化"？因为在上述城址中，宝墩古城是面积最大、文化内涵最为丰富，同时也是最有代表性的一座，应属这类考古学文化遗存中最为典型的遗址。因此，按照考古学文化命名的惯例，考古学家们即用"宝墩文化"来命名这一考古学文化现象。

→ 新津宝墩古城遗址

宝墩古城遗址位于新津县城西北约5公里的龙马乡宝墩村，过去一直被人们称作"龙马古城"。当地老百姓传说它是三国时期诸葛亮七擒孟获的"孟获城"——这也没错，因为宝墩古城修筑于距今3700～4500年前的古蜀时期，随后因为战事或政治文化重心的转移而被废弃，再经历漫长的秦汉时期，到三国时已经很有些年头了。这时候的宝墩古城虽然不再有大量的人口居住，但从它保存完好的城墙和开阔的地形来看，仍可称作"军事要塞"。

在平原开阔的地表上，有这样一些古人修筑的大型城堡凸现出来，的确可以视为攻防俱佳的军事据点。据当地老百姓反映，郫县古城也曾经是国民党残部负隅顽抗的一个据点，此为闲话。回过头来再看宝墩遗址，它的平面呈长方形，东北—西南朝向。目前东北墙、东南墙的北段以及西北墙的北段尚保存完好，东南墙南段及西北墙南段仅残存名叫"蚂蝗墩"和"李埂子"的断断续续的矮墙。西南墙俗称"余埂子"，高度仅为完好城墙的一半左右。西南墙与西北墙相接的地方也保存完好，数千年前的夯土清晰可见。按照城墙的长度计算，宝墩古城长约1000米，宽约600米，总面积60万平方米。现存城墙最宽的地方25米，最高的地方5米。

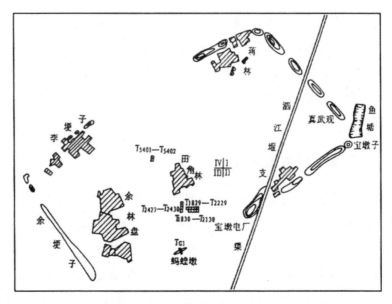

宝墩遗址平面图

考古学家最初发现这座古城时，并未预料到它的年代有如此之早，只是在城墙上发现了汉代的墓葬。后来，通过对城墙的解剖和遗址内的钻探、试掘，才发现这是一座古蜀时期人类遗留的大型城址，此后还相继出土了大量的陶片、石器、墓葬和房基。随着出土器物的不断增多，遗址的文化内涵逐渐浮出水面，最后考古学家们确认，这是一座早于三星堆古城遗址的古蜀文化早期遗存。

宝墩遗址北城墙

→ 都江堰芒城遗址

都江堰芒城遗址位于都江堰市以南约 12 公里的青城山芒城村，当地老百姓俗称"芒城子"。从综合地理位置考察，该遗址地处成都平原西部边缘，西距青城山支脉药王山 2.5 公里，东距泊江河 1.4 公里。整个城址呈长方形，修筑有内外两道城墙。目前内城墙保存完好，长约 300 米，宽约 240 米，城墙宽度 5—10 米，高 1—3 米。与内城墙相比较，外城墙保存状况要差一些，仅有北垣残长 180 米和南垣残长 130 米凸出地面。两圈城墙之间的距离约为 20 米，中间地带是因取土筑墙而形成的低洼的城壕。芒城遗址总面积约为 10 万平方米，是目前发现的古蜀城址中面积较小的一个。

1996 年 11 月至翌年 3 月，成都的考古学家们对该遗址进行了详细的调查试掘。1998 年 10 月至 12 月，本地考古学家又与日本早稻田大学的考古学家、人类学家合作，对该遗址进行了大规模的正式发掘，结果发现大量的灰坑、房屋基址、陶片和石器，其总体文化特征与宝墩遗址晚期相一致。在对城墙的解剖过程中，考古学家们发现芒城遗址的内外城墙是同时修筑的，当时两道城墙之间的沟壕里盛满了水。根据沟壕内淤泥的积累情

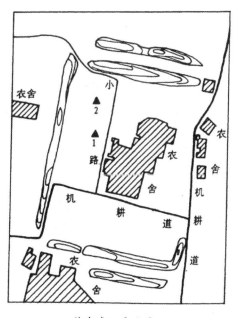

芒城遗址平面图

况，说明到了宋代，沟壕才被人为地填平了。这种筑城方式很自然地让人想起古代大型城池四周的护城河，它对城池本身的安全和防范作用十分明显，只要在城门口安放一座吊桥，就进可攻退可守了。

发掘中还探明当时居住在芒城的蜀人的筑城方式，他们将内壕的土用来夯筑内墙，外壕的土用来夯筑外墙，而且取土量和用土量完全一致，也就是说，他们没有到别处取土。

→ 郫县三道堰古城遗址

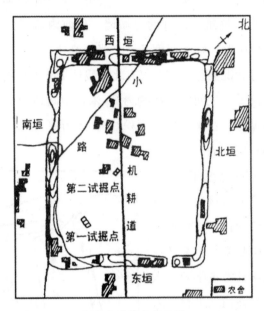

郫县古城遗址平面图

郫县三道堰古城遗址位于郫县县城以北约 9 公里的三道堰古城村，处于成都平原的腹心地带，当地老百姓传说，古城为三国时期诸葛亮养马的"养马城"。整座古城位于蒲阳河和柏条河之间的冲积平台上。城垣呈长方形，长约 637 米，宽约 487 米，总面积为 31 万平方米。在宝墩时期的几座古城中，该城址是保存最好的一座。除了东南垣北端有一处宽约 10 米的缺口（推测可能是当时的城门或后人取土造成）外，其余城墙均如巨龙横卧，连绵不断，城基最宽处约有 30 米，最高处也有 4 米。

1996 年、1997 年和 1998 年，考古学家们对该遗址进行了大范围发掘，发现房屋基址 12 座，墓葬 1 座，陶器有绳纹花边口罐、敞口圈足

尊、盘口圈足尊和喇叭口高领罐等，
证实遗址年代也在宝墩文化时期。通
过对遗址城墙的解剖发现，墙体下叠
压有更早的文化层，这说明郫县古城
在修筑以前已有聚落存在。而且郫县
古城的城墙曾经夯筑过两次，第一次
是在遗址建成的早期，第二次是在中
期偏早阶段。第二次筑城是在第一次
城墙的基础上加厚加高形成的。这说

郫县古城遗址出土的敞口圈足尊

明随着国力的增强、人口密度的增大，当时居住在郫县古城的蜀人防范
意识和城市意识也进一步增强了。

→ 温江鱼凫城遗址

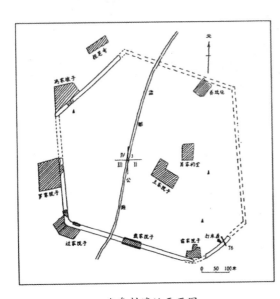

鱼凫村遗址平面图

温江鱼凫城位于温江
县城以北约 5 公里的万青
镇鱼凫村，传说为古蜀王
鱼凫的国都所在，故称
"鱼凫城"。从它所处的地
理位置看，也是属于成都
平原的腹心地带。1996 年
冬天，成都市文物考古研
究所的考古学家们对该城
址进行了详细的调查、钻
探和发掘，发现鱼凫城的
城墙形状与宝墩时期其余

几座古城的都不一样。其他的城都呈长方形或接近方形，而鱼凫城是呈
规则的六边形。可惜这座古蜀时期名气最大的古城，其城墙墙体毁损严
重，保存极差，仅有南垣 480 米、西垣南段 350 米、西北垣西段 370

米、东南垣150米依稀尚存。复原后的城垣全长约为2100米,城址总面积约为40万平方米。

发掘中,考古学家们没能发现类似三星堆的、能够代表鱼凫王国都所在地形象的重要文物,只是发现其城墙夯筑十分讲究,内侧墙体的土均为质地紧密的黏土,而外侧墙体的土是质地疏松的土,但土中夹杂有很多坚硬的鹅卵石。另外,有一条古河道从西北墙穿过,又从东南横穿遗址的北部流出。因为目前河道的形成年代与遗址的年代关系尚不清楚,所以我们不敢断定鱼凫城的废弃是否跟这条河流有直接关系。

鱼凫村遗址南城墙

→ 崇州双河村遗址

双河村遗址位于崇州市区以北约16公里的上元乡芒城村双河场,当地俗称"下芒城"。从遗址命名的角度看,它应当与都江堰芒城遗址有着某种对应关系。该遗址总面积不大,只有10余万平方米,其城墙修筑方式也与都江堰芒城一样,分内外两圈,而且同样是内城墙保存较好,外城墙保存较差。通过对遗址的发掘,我们发现该遗址地层堆积较薄,出土器物较为单纯,缺少大的年代变化,而且从城墙西垣早就被河流冲毁这一现象来看,双河村遗址的使用年代可能是几座城址中最短的。出土器物中较有特色的是几件三孔石钺和呈透明状的燧石石器。

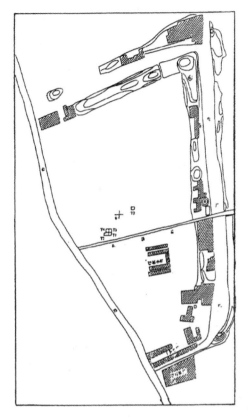

双河遗址平面图

→ 崇州紫竹村遗址

紫竹村遗址位于崇州市区西南约 2.5 公里处的隆兴镇紫竹村，是 1997 年秋天在田野调查中被成都市的考古学家们发现的。虽然目前还没有对该遗址进行正式发掘，但从地表可以看出，紫竹村遗址也筑有内外两圈城墙。内城墙保存相对完好，外城墙保存相对较差，整个城址的面积约为 20 万平方米。从采集到的陶片分析，它与宝墩遗址的年代相当。

通过以上走马观花似的对成都平原史前城址群的考察，人们大概都会惊叹：原来 4000 年前的成都平原不但不是白纸一张，而且还相当热闹繁华。一个接一个的古城，范围如此之大，城墙如此之巍峨雄壮，以至于经历数千年的风雨依然挺立在平原之上，这还不包括数量众多的小的城址和聚落。古蜀人在这些突出于平原的垄岗状台地上生活劳作，从4500年前到3500多年前的一千年间，即便是海也填平了，难道还创造不出一个小小的三星堆文明来吗？

古蜀先民的日常生活

→ 古蜀人为什么不使用石器进行农业生产

成都平原诸遗址中，出土了许多商周时期的石器，这些石器又分成磨制和打制两种。磨制的石器主要有斧、锛、刀等，打制的石器主要为"盘状砍砸器"。当我们亲手抚摸这些新出土的石器时，似乎能感到古蜀人手心里那坚硬的厚厚的茧子。然而当我们仔细观察和分析这些石器时，却发现一个奇怪的现象，即：古蜀人所使用的石器中没有用于农业生产的石铲、石锄、石斧等大型农具，难道古蜀人不通过土地获取粮食？

举例言之，广汉三星堆遗址中出土的石斧大多数仅长10厘米左右，最长的也仅有16厘米，显然不是用于农业生产。而蜀地其余遗址中出土的类似工具显然还不如三星堆，比如成都十二桥遗址出土石斧2件，一件长7.5厘米，另一件长7.2厘米；新繁水观音遗址出土的一件石斧，也仅为9.5厘米。事实表明，成都平原古蜀文化遗址中缺乏长度在20厘米以上的大型石斧，最大的一件是三星堆遗址的采集品，其长度为17.8厘米。同时，诸遗址中也未发现石铲、石锄之类的掘土工具，其他材料和质地的生产工具如骨、蚌等也难觅踪影。与此相反，中原地区的商周遗址中却有大量的石锄、石铲、骨铲、蚌铲出土，这种显著的差异值得人们深思。

宝墩文化石斧

另一方面，成都商周遗址中石制砍砸器却很发达。如成都方池街遗址出土的 140 件石器中，盘状砍砸器就占了 43.9%；成都十二桥遗址也出土打制的盘状砍砸器 51 件，而磨制的石锛和石凿数量分别只有 1 件和 4 件。据考古学家们对这些磨制的砍砸器进行微痕研究和模拟试验表明，这些盘状砍砸器的用途主要是用于加工竹木材料。我们在对比过程中同时发现，蜀地发达的盘状砍砸器在中原却极其稀少，这不能不说是两地自然条件的差异使得农业生产工具的各有所长。

宝墩文化石锛、石凿

那么古蜀人到底是用什么工具来完成农业生产中从挖掘、播种到收获的全过程呢？这个问题，蜀中的考古先辈们早就注意到了。冯汉骥先生首先提出："不过在考古中很少发现当时的农具，想其主要为木制所致。"童恩正先生也提出：史前时期西南地区的坚竹硬木可以作为掘土的工具，这种竹木工具，"在本地区的使用一直延续到历史时代，其有效程度不但超过石器，有时连青铜器也难以与之比拟"。结合成都平原

的地理条件和土质状况，我们认为他们的说法很有道理。成都平原本身为河流冲积平原，土质相对松软，用竹木之类的工具掘土一定有刀叉分割蛋糕一样的便利功效。相反，使用石器倒显得笨拙和不可理喻了。

竹木工具与石器，看起来只是古蜀人随意的选择，然而这种选择一定是经过了漫长的实践才作出的，并非异想天开。在四川盆地西部的雅安地区曾出土过一座沙溪遗址，发现的石器主要为有肩的大型石器，包括有肩石铲11件、有肩石斧63件，而且石斧的形体硕大，一般长度在20厘米左右，大的甚至超过30厘米，其突出的肩部显然是为了绑缚长柄而特意制作的。雅安离成都不远，为什么那里的蜀人要把石制生产工具制作得如此硕大，难道他们的身体条件比成都附近的蜀人更强壮？非也！原来是雅安和成都的地理条件不一样：成都的土质松软如棉，肥沃疏松；而雅安是一个丘陵环抱、河谷台地犬牙交错的地方，土质相对板硬。

成都平原用于农业生产的竹木械具被铁器所取代，应该是在秦统一六国以后，这时候中原文明之风推开了古蜀国的窗子，大量的技术革新和先进文化纷纷涌入，早期的石器竹木工具渐被淘汰，成都平原也因此成为全国重要的农业生产基地。

→ 古蜀先民的好酒之风

现代人无法想象古蜀人的生活，多半会认为他们日出而作，日落而息，成天扛着竹木工具或渔网下田下河，遇到灾荒年月，还得为填饱肚子东奔西走，生活肯定是枯燥乏味、缺少娱乐和美食的。其实不然，古蜀人的生活跟我们一样是多姿多彩、充满情趣的。在三星堆遗址内，考古学家们曾经发现大面积的古蜀人生活区，经过发掘发现了为数众多的10平方米左右的"温馨"小房舍，其结构为古蜀时期通行的"木骨泥墙"式；同时还发现了面积超过60平方米的穿斗结构的大房子以及抬梁结构的厅堂。房舍厅堂间，道路沟渠紧密相连，形成一个充满生机的紧密聚落。在这些远古人类的遗迹中，留存着"人间烟火"的很多东西被发现：有上了漆的酒器和食器，还有用于演奏的石磬、陶埙等乐器，再加上各种精美的工艺陶塑如虎、象、牛、猪、鸡、羊、杜鹃、鱼、蛙等，构成了一幅十分鲜活的日常生活图画。

1986 年发掘的三星堆第四期文化层中，有一个面积不大的"灰坑"，其中摆放了 21 件大小不等的瓶形杯，中间搁置一把陶盉，周围还有许多平底盘、豆、小平底罐等酒器、食器。如果把盘中热腾腾的菜盛上，杯中香冽的酒灌满，三五个穿着布服的古蜀人坐在一张长板凳上品酒，你会羡慕吗？但事实是，那些布服飘飘的古蜀人早已随着酒气一起蒸发了，空留给我们一些干涸的装满泥土的古老酒器。

从众多遗址出土的陶制酒器分析，当时蜀地的酿酒技术丝毫不比中原逊色，其酒器已经构成一个完整的系列：从酿造器皿到盛酒器皿，从饮酒器到舀酒的勺子无一不备，下面就是我们爱酒的祖先们的卓越发明。

三星堆遗址出土的陶盉

酿造器。三星堆出土的陶制酒器中有一种高领大罐，通高约 40 厘米，腹部如孕妇的肚子般圆鼓，直口高领，下腹部呈反弧线内收，底部再接小平底。从这个陶罐的形制看，它是古人酿酒的绝佳器物。我们知道，酿酒的条件之一是必须造就一个密闭的环境，才有利于酵母的发酵并避免其他杂菌入侵滋生，这种高领陶罐的直口正好适于封闭。条件之二是罐内粮食和酵母菌的繁殖需要一定的温度，最好在 28℃—30℃之间，所以夏天温度过高时一般不宜酿酒，而在冬天温度过低时又需要给容器加热，而这种陶罐下腹部呈反弧线内收恰好易于受热，且小平底又利于放在软性的柴灰中去受热。由于它在设计上的独到和优良,已有学者将其命名为"三星堆式发酵罐"。

饮酒器。三星堆出土的陶质饮酒器包括觚和瓶形的杯,其中尤以瓶形杯的数量最多。它的外形似北方烫酒用的陶瓷酒瓶,器形细长,容量在 200 毫升左右;设计上充分考虑了饮酒的需要,即开口呈喇叭状便于吮啜,瓶颈细束可以保证下面的酒糟不随酒液进入口腔;而容器中最大的空间在底部,也是为了使该瓶有足够容量盛酒。

盛酒器。古蜀时期的盛酒器主要有瓮、缸、壶三种,从已经发现的酒缸残片看,缸壁厚度约 1.2 厘米,腹径超过 120 厘米,可以说是一个结实的大酒缸了。酒壶的样式则多种多样,有短颈长腹的,有长颈圈足的,不一而足。

舀酒把勺。三星堆及其他古蜀文化遗址均发现有"鸟头形把勺",它是干什么用的?原来它就是把酒从缸中舀出来的一种勺子。这种勺子的把柄很长,把头部位雕塑成各种长喙的鸟头、兽头或钩形,便于勾住酒器口沿,使之不致沉落酒中。

古代蜀地既然酒器风行,酒文化发达,那么用于酿酒的谷物和粮食也一定十分丰富。《山海经·海内经》就曾记载:"西南黑水之间,有都广之野,后稷葬焉,爰有膏菽、膏稻、膏黍,百谷自生,冬夏播琴。"文中"都广"为古蜀地,即今之成都平原;有菽、稻、黍、稷也就罢了,还要加上一个"膏"字,简直把成都平原出产的谷物说得饱满流油。

谈到酒器,不得不说说古蜀国的青铜酒器。经电子探针检测,古蜀国所产青铜酒器的含锡量为 4.42%—8.56%,含铅量在 15.07%—29.9% 之间。这个结果把我们吓了一跳,因为古蜀国青铜酒器的含铅量和含锡量的确太高了,这个比例比殷墟妇好墓铜器的含锡量和含铅量分别高 4.42% 和 11.6%。而且蜀国青铜器均不含对人体有益的锌,他们用的是无锌矿;反观中原殷商时期的青铜器,则多有锌存在。过去,曾经有学者认为古罗马和殷商贵族的寿命一般不长,很可能就是长期使用含铅量过高的青铜酒器慢性中毒引起的。如此说来，我们古蜀国民岂不是都深受其害了？但是话又说回来，这么珍贵的青铜尊和青铜酒杯又有几个人能够在酒桌上把玩？其通常还是作祭祀陈设之用，平时饮酒使用陶器也就足够了。

三星堆出土的青铜尊

既然有好的酒器和好酒，又有浓厚的酒文化氛围，那么蜀国自古出酒鬼、酒仙就是顺理成章的事了。且不说李白斗酒诗百篇、文君当垆相如当街，即便是当时的蜀人也已有此气派。水观音遗址发掘时，曾发现两座古蜀国武士墓，墓中戈、钺、矛一应俱全，反映出这两位武士生前对青铜兵器的热爱；但令我们哭笑不得的是，在墓的四周竟围着满满当当数十只圜底壶与尖底罐等古蜀时期的酒器，堪称"酒鬼墓""酒缸子墓"。可以想见，这些酒器当时一定是盛满了芳香甘洌的酒液的。

→ 古蜀人的防潮剂

在众多古蜀时期的墓葬和房屋基址中，我们发现古蜀人使用了一种特殊的材料进行防潮，这就是白膏泥（或青膏泥）。

商周时期，古人们没有专门的防潮剂可以使用，因此便就地取材，利用一些特殊材料来防潮。中原地区常见的防潮材料是木炭和石头，而古蜀地则习惯用一种具有防潮防渗功能的白膏泥。在三星堆遗址晚期房址中，人们发现在黄褐色的生土层和居住面之间，铺垫了一层白膏泥。彭县竹瓦街1号窖藏坑中所出土的青铜器的戈，在埋入前通身均抹过一层白膏泥，显然是为了防潮防锈。此外古蜀人还流行在墓坑中大量填塞白膏泥。1992年，考古学家在成都西郊金鱼村发现一座长5.32米、宽

1—1.2米的狭长形战国土坑墓，墓地除了铺设两块木板外，墓室四壁和木板下面都涂满了白膏泥；所有的随葬物品，包括容器和尸体也都用白膏泥严密封裹之后才加以埋藏。另有许多古蜀时期的墓葬也曾使用白膏泥，只不过上述土坑墓更为典型。

古蜀时期成都平原低洼潮湿，我们的祖先能够想出这个办法来防潮，看来是经过长期实践和摸索得来的。

→ 穿梭在森林和湖泊间的猎手们

通过考古发掘和孢粉分析得知，古蜀文化时期的成都平原是一片森林茂密、水草丰美的肥沃土地，同时也是一个动物聚居、鱼类繁衍的美好家园。在这里，我们的祖先赤脚穿行在大片的树林和湖泊之间，身影矫健，有如灵猿。他们通过渔猎采集补充尚不充裕的食物资源。

在成都金沙古蜀文化遗址中，除了发现大量的象牙，还发现堆积如山的鹿角、鹿骨以及各类动物的牙齿和骨头，那是古蜀人长期捕猎的结果。通过现场观测，可以发现有比猪头更大的完整的头骨，我们不知道这是"古蜀猪"，还是其他更为大型的动物。总之，经过鉴定的各遗址出土的野生动物骨骼仍以鹿科动物为最多。这些美丽轻盈的鹿在被捕杀前，曾经顶着它们树杈一般的角，迈动着比钢琴上的手指还要轻捷的腿，在广袤无际的平原上穿梭跳跃。猎手们看见它们梅花似的脚印留在河畔的沙滩上，于是就举起了手中的弓箭瞄准、追捕。这的确是一个热闹非凡的世界，单从人与动物的关系来讲，古代成都平原具有与非洲丛林或亚马逊河流域相同的景观。

古蜀人狩猎的工具，除了使用石器棍棒以外，最大的可能是使用箭镞，因为箭镞在不少遗址中都有发现。现代人已经很难想象一枚石制或铜制的箭镞，以及一把木头的弓，怎样把一头活蹦乱跳的野鹿给杀死。虽然他们也许个个都是弹不虚发的神枪手，但是欲在短时间内取其性命也是难事。因此，箭镞的作用很可能是用来射杀飞禽和野兔之类的小型动物的，遇到庞然大物还得使用重武器。

广汉三星堆遗址以及周边的月亮湾遗址还发现陶制的网坠，这说明古蜀人善于捕鱼。他们的渔网是用什么材料制成的，现在已不得而知，但驾上一叶扁舟（或木筏子）在河流或湖泊间自由地撒网穿梭却是可能的。当时的河水有多么清澈，水中的鱼儿有多么肥美，这是饱受环境污染的现代都市人做梦也难想到的。由于各种树木自由生长，因此古蜀人还有大量的果实可以摘取，他们的生活虽然艰苦，但不至于像沙漠地带的居民一样常常遇到饥荒。

其实，古蜀人在长期的狩猎和捕鱼过程中已经熟练地掌握了饲养技术。从各遗址出土的动物骨骼鉴定得知，有相当一部分是属于家养动物。成都指挥街遗址曾出土家养的犬、马、猪、黄牛和鸡的骨骼；在方池街遗址中，也发现大量的家养犬、羊、水牛、猪、黄牛、马、鸡等的骨骼；三星堆遗址甚至出土了一件彩陶的鸡的雕像，其外观可以说是和现代家鸡完全一样，即翅膀和冠羽退化。如此众多的家养动物被饲养，说明当时古蜀人的农业生产已经有了一定的规模和水平，否则，哪来那么多的剩余粮食饲养动物？

陶器上的指纹

陶器是古蜀时期人们的主要生活用品，它的作用甚至可以替代现代家庭中的用不同材料制作的所有装盛类器物。从古蜀时期众多遗址出土的陶器来看，古蜀人已经熟练地掌握了制陶技术，他们甚至可以根据器物的不同功能，采用不同的泥土和或老或嫩的火候——泥质陶和夹砂陶的火候不同，泥质陶中的灰白陶和灰黄陶之间的火候也不同。因此，古蜀人在烧制

古蜀时期的宽沿平底尊

陶器时很可能是分窑而烧的。也就是说，他们已经懂得了技术分工跟生

产力水平的提高有直接关系。

那么，古蜀人是如何制作陶器的呢？他们有没有什么先进的方法和工艺流程？经过对无数陶器实物的分析，考古学家们发现，古蜀人制陶采用的是手工制作加慢轮修补的方法，这和我们现代都市里颇为时尚的"玩泥巴"有很大不同吗？没有，只不过"玩泥巴"的范轮使用电动，而古蜀人用手摇或脚踏，两者没有质的区别。因为是采用手工制作，所以我们在许多陶

宝墩文化陶圈足尊

器的内壁都能看见古蜀人留下的极其清晰的指纹，它们像远古的化石一样附着在各种各样的陶器上。审视这些指纹时，你会发现，时间、历史都在顷刻间凝固了，几千年的历史亦不过是弹指一挥间。刚才那个古蜀人还在一边摇着轮子一边修补和审视他的作品，而转眼间，这件"作品"就穿过时光隧道来到读者面前了。

古蜀时期的陶壶

一件陶器的主体部分被制好以后，古蜀人往往还需在它上面黏结其他的"零部件"，比如圈足和器底。直到今天，我们仍能看清许多古蜀人留在圈足内侧的加固划痕；此外，有些夹砂陶器的口沿需要二次黏结，泥质陶中壶颈部的黏结痕迹也常常清晰可见。

为了使一件陶器不仅实用而且美观，古蜀人还在制作陶器的过程中往陶器身上戳画花纹。其中夹砂陶器的装饰纹以绳纹为主，其次是戳印纹附加堆纹，少量的还刻画有划纹和弦纹。划纹又以水波纹和平行线纹最为常见，戳印纹主要是人工戳印的坑和点：有的呈新月状，有的呈圆圈

状，有的呈长条状、锯齿状。可以说，古蜀时期的人们是比较重视陶器的装饰工艺的，大部分的陶器口沿上都有精美的水波纹花边。虽然这些纹饰看起来都是随意而为，就像画家们在信笔涂鸦一样，但仔细观察之后就会发现，这也是一种美，一种汰除了华丽虚浮的朴实自然之美。

朴素的民居

建一所属于自己的房子，能避避风挡挡雨，无疑是人类最原始而基本的需求。

三星堆以及宝墩时期的古蜀文化遗址中，曾发现大量的用同样方式建筑起来的民居。它们的风格、大小、形状都仿佛是同一个建筑师设计出来的，可以说这些民居为我们想象中的古蜀人找到了失落已久的"家"的概念。这一时期的房屋建筑有圆形、方形和长方形等，其中尤以长方形居多。发掘后的房址表面首先露出墙的基址。墙基通常都挖有基槽，槽宽大部分为17—30厘米，深为20—50厘米。等房基的槽子都挖好以后，一个家也就被正式"圈"定了。古蜀人还要在槽的底部挖出一个个直径为17—30厘米的距离相等的小坑，然后再在坑内竖起木头或者竹子作为墙体。为了使墙体稳固，挖开的基槽需要重新回填泥土，使木头或竹子稳稳当当地"栽"在地上。这栋房子的建筑师也许就是居住者本人，他直起腰，拍拍手上的泥土，问站在一旁观看的主妇和孩子们："直不直?"主妇和孩子们当然说直。于是一家人找来软柔的篾条和木条，开始在竖起的木头或竹墙上耐心地编织。编织好后就该给墙体抹泥了。建筑师找来了比较有黏性的土，再加入一定数量的草或藤之类的纤维物质，使泥巴更有黏性，不易开裂。一家人把调好的泥一层一层往墙上抹，抹得又光又平，看起来亮堂堂的。等这一道工序做下来，天也黑了，天空中出现了密密麻麻的星星。一家人虽累弯了腰，却都毫无倦意，望着一栋房子从无到有慢慢建起来，心中很高兴。他们从四周找来柴草，堆在湿滑的墙体下面；又从口袋里摸出两块白色的石头，用力一碰，一点火星被溅出来；再一碰，两点火星被溅出来……随着撞击的次数逐渐增多，石头也变得越来越热，不一会儿就把地上的柴草点燃了。湿滑的墙体在火光和浓烟中慢慢变干。经过烘烤的墙体没有变黑，相反倒变成了"红烧土"——也就是我们今天所看到的样子，既结实耐用又美观大方。

这一切之所以被我们叙述得如此清楚，是因为考古发现本身就是这样的。比如芒城遗址发现的 5 号房屋的墙体倒塌部分，其土质便是"红烧土"；此外，在宝墩遗址、郫县古城遗址均发现有大量的用于房屋建筑的"红烧土"，甚至，土中的竹（木）印痕尚清晰可见。遗址中所见房屋绝大多数为方形或长方形单间，面积一般在 10—50 平方米左右，但也有套间房屋被发现。比如郫县古城遗址发现的 6 号房屋，就有门道和灶坑，门道处还铺了一溜小卵石。灶坑是一个方形的浅坑，里面垒着许许多多大小不等的卵石。卵石之外没有灶台，因为卵石本身就可以支撑炊器底部；被河流冲积到平原上的卵石俯拾即是，古蜀人用不着再在炊器底部"画蛇添足"地去制作一个结实平稳的器底。所以成都平原出土的古蜀时期炊器都是头重脚轻，不带三足。而与之相反的是，带足的炊器在同一时期的其他文化区域倒是很常见。

此外，芒城遗址还发现一套编号为"5"的双间长方形套房，两间套房总面积为 50.73 平方米，一间朝北，一间朝南，中间有一扇门相通。北间房屋的东北角有一块高出周围地面 0.15 米的垫土，土质呈黄褐色，质地坚硬，上面还留有火烧的痕迹，估计是简易的灶台。整栋房子的墙基和基内竹骨都保存得相当完好。

与居住房屋配套的其他类型房屋在遗址中也有发现，比如郫县古城西北部就发现一处干栏式建筑基础，其础石呈网状布局，估计是堆放物品的贮藏室。

古蜀时期民居的总体面貌大致如此，至于这些房屋的屋顶是什么样子的，因无考古发现（朽蚀不存），所以不敢妄加评断。但根据成都十二桥建筑遗址有草顶房屋出土推测，可能也是用竹木和草搭建的。古蜀人生活在这样朴素简陋的房屋中，冬暖夏凉；如果再布置上几件简易的家具——一张床、几条板凳，家具上面再摆那么一两件古朴的陶器，也算是一个不错的家了。

一所"大房子"

郫县古城大型房屋基址

1998年冬天，位于郫县三道堰村的郫县古城蜀文化遗址内，大片的庄稼长势良好，绿油油的麦子已有一尺高。成都市文物考古研究所的考古学家们，对该城址进行了一次大面积发掘，重点发掘地段选在古城的腹心地带。谁也没有想到这次发掘会有多大收获，因为以前对其余几座古蜀时期的城址进行发掘时，大多只发现了一些小型房屋基址、简单的墓葬、陶片、石器等，从来没有发现过类似三星堆祭祀坑那般重要的物质遗存。然而当这次发掘揭露到地下2—3米时，考古学家们发现了一道由卵石铺成的房屋基址。这道基址看起来与普通的民居不一样，因为它好像更加宽阔、森严，具有某种特殊的背景，考古学家们忽然意识到了什么，于是沿着这道卵石房基向两边拓展。经过近两个月的努力，一所前所未闻的"大房子"遗迹终于暴露在考古学家们面前。因为它正好处于郫县古城遗址的中心位置，所以很快显示出其特殊的意义。

这座大型房屋基址的朝向跟古城的朝向是一样的，即呈西北—东南向，长度约50米，宽度约11米，总面积达550平方米，可谓硕大无朋。从揭露出来的房屋基址可以很清楚地看见，有四条笔直的、围成长方形的墙基。每条墙基均以卵石作基础，卵石中间的木柱虽然已经不存在，但碳化以后的痕迹仍清晰可辨。每个柱洞之间的距离约为0.7—1.2米，柱洞本身的直径约为0.2—0.3米，也就是说，当时用于支撑墙体的木柱直径约在0.2—0.3米之间。虽然这座大房子的墙体已经消失，但据推测应为木柱间编缀竹笆，然后再抹上和了泥草的湿土，并经过烘烤。另外在房内地面还发现大量的用于防潮的"红烧土"，整座房子没有隔墙和立柱，可见其建筑技术有多么高超。

特别引人瞩目的是，这所大房子的中间还有五个卵石砌成的台子均匀地横列着，每个台子之间的距离约在3米左右，而且台子的周围都挖有一圈小基槽，槽内埋设了密集的圆竹（虽然圆竹已经碳化，但痕迹依然可辨），由此可知当时垒筑这五个台时，先是用竹子在台子四周围成"护壁"，然后再往其中投掷卵石形成台。至于为什么会出现五个台，而不是三个、四个或六个，考古学家们解释说，古蜀人有尚"五"的习俗，认为"五"是一个最吉祥、最完整的数字，所以在一些古蜀时期的墓葬中会发现五个一组的器物。也有另一种可能，那就是这五个台关乎郫县古城聚落的某个秘密。是五个家族支系，还是五个不同部族之间的结盟？这些问题都只有留待以后的考古发现作进一步推论。

从这座大房子内部和周边的地层解剖看，该区域文化堆积非常纯净，几乎见不到什么生活用品，也未发现任何生活类附属设施，可见它不属于一般性的居住房屋。综合各方面的信息，专家们认定，这是古蜀时期的一座大型礼仪性建筑，是当时郫县古城的人们举行重要仪式的场所。看来这个处于古城中心位置的"大厅"应是凝聚该城的关键和最重要枢纽。考古学家们还发现，郫县古城遗址内其他的小型房屋都是围绕这座大房子布局的，而且所有房间的门都朝着大房子，形成一种众星捧月的壮观场景。

至此，谜底已初露端倪，请看《中国古代文明与国家形成研究》一书是怎样论述这种聚落和中心建筑的关系的："中心聚落作为贵族的聚集地，在含有亲属关系的聚落群中，它具有政治、军事、文化和宗教等中心的地位和作用，并建有太庙大室之类的建筑物，形成在精神上统合全社会的宗教神权。而中心聚落周围的那些普通聚落，则失去了平等、独立的性格，与中心聚落形成了半从属的关系。"换句话说，我们已经找到了郫县古城古蜀时期的最重要建筑——太庙！

在这座庞大的建筑中，统辖此城的蜀王会定期举行祭祀、召集会议或发表演讲，所有有关政治的、经济的、宗教的指令都会从这里发出。我们虽然不知道当时房中四壁和台子上的陈设，但想必应当有类似三星堆祭祀坑出土的大型祭器，不然，如此巍峨壮观的建筑不是白白浪费了？

郫县古城"大房子"的发现，为我们勾勒出古蜀聚落、城址中心的布局和结构。这虽然仅是个案，但我们有理由相信，其余几座古城的建筑格局应与之相差不远，因为它们是受同一种文化影响的、同一个时期的蜀人城址。假如我们能够发现三星堆古城内的"大房子"，那么，我们就能回忆起祭祀坑中的礼器是如何从墙上跌落坑中的。

高　潮

——古蜀文明的最后辉煌

十二桥建筑遗址

——大片的宫殿区和居住区

　　奇异的三星堆文明如流星般消失以后，去了哪里？它的发展状况如何？是继续保持自己独特的文化面貌和发达的青铜文化，还是从此一蹶不振？1985 年 12 月，成都市干道指挥部在十二桥路修建自来水公司、煤气公司的办公综合楼地下室时，发现一处埋藏于地下的商周时期的大型遗址，当即引起了本地考古学家们的注意。该遗址位于成都十二桥西路，东面紧临西郊河、北靠十二桥路、南倚文化公园、西邻省干休所，总面积约 3 万平方米。但由于该遗址地处成都市区，林立的房屋和各种现代化建筑密集，因此实际揭露的遗址面积只有 1800 平方米。

　　从目前揭露的情况看，这是一处商周时期十分重要的古蜀文化建筑遗址，包括连绵不绝的居住区和大型的木结构宫殿式建筑两部分。由于该遗址是被一次汹涌的洪水掩埋掉的，因此它的原貌在泥沙下保持得异常完好，甚至连民居的草顶也被完整地发掘出来。这里一般性的小型房屋均为干栏式建筑，分上下两层，建筑材料有圆木、方木、木板及圆竹、竹篾、茅草等。圆木多未加工，有的还附着树皮。而用于宫殿建筑的木材已经加工成规则的方木，两端还保存着榫卯的痕迹。可以想见，这些方木是如何被当时的建筑师和木工们用斧锯刨开，打上孔，紧密连接起来，修筑成大型的木构宫殿。

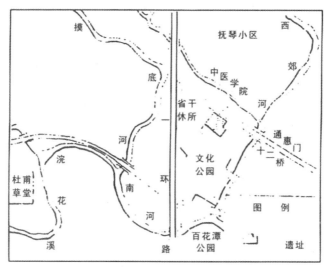

十二桥遗址位置示意图

现代成都城的西区是古蜀文化遗迹发现较多的地方，包括 2001 年发现的金沙遗址也位于该区域内。这是否说明当时的成都城西已形成大型的聚落和城市雏形了呢？答案是肯定的。从金沙遗址和十二桥遗址的年代推测，两者很可能是时代相差不远的同一时期古蜀文化的遗存（两地均出土有用于占卜的龟甲），只不过十二桥用于居住，而金沙遗址用于宗教祭祀、作坊加工或者屠宰饲养场所等。这似乎是一个分工明晰

十二桥遗址木结构建筑发掘时的情景

的阶级社会的遗存，他们已懂得城市的设计和规划。

因此，三星堆文明从广汉进入成都平原腹心地带以后，它的发展状态是良好的，非但没有中断和退化，反而像一棵被移植到土壤肥沃地区的树一样，长得更加根深叶茂、枝干发达。

→ 建筑与技巧

十二桥遗址的建筑手段已经明显超过宝墩时期和三星堆时期，这说明古蜀人在建筑技巧的继承和发展上，有一个循序渐进、从未中断的过程。十二桥遗址无论从建筑的结构，还是从建筑的规划上都有一次大的飞跃。十二桥遗址发现最多的干栏式建筑，是一种格调优雅、居住起来既防潮防湿又干净舒适的古代民居。它的建筑方法为：先在潮湿的地面上打埋密集木桩，这些木桩都很粗壮，而且被埋得很深、很稳固，因为它们本身不是房屋的居住面，在它们的上面才真正开始修筑房屋，所以它们算得上是整栋房屋的基础。木桩被埋植好以后，人们便在这些木桩上铺设圆木和木板——作为这栋房屋的地板或居住面。待这一切就绪以后，古蜀人开始使用宝墩时期和三星堆时期的建房方法，竖起木柱作为墙体，墙体间用竹篾编扎，然后涂上一层泥，再在屋顶盖上厚厚的茅草，一栋房子就建成了。

这一时期的房屋，我们没有发现大量的用于涂墙的红烧土（或许已被洪水淹没），这说明十二桥的古蜀人已经改变了早期的居住习惯，更讲究通风和日照。从保存下来的房屋遗迹可以看出，这一时期的竹编墙高度多为3米，也就是说它的空间并不像我们想象的那般低矮狭窄，而是相当的高敞轩亮。房顶的样式是我们常见的两面斜坡式，搭建时采用了榫卯加绑扎法，先将作为檩、椽的圆木在屋顶连成方格网，再一层层地铺草，边铺边用竹篾分层绑扎，以利防风防雨，坚固耐久。

这些小型房屋所用的圆木直径多为6—11厘米，不算粗壮，这使得整栋房屋显得十分轻巧。而且它高达3米（不包括居住面以下的木桩），因而所需技术就要求相当的高超和完美。这样的房屋用于防风挡雨和居住，看来是足够了，也一定会相当舒适，但是它在遇到大的自然灾害时就难逃厄运了。比如有的房屋在那次洪水中就是整栋整栋倾倒的，像一棵树或一扇门那样笔直地倒塌下来，这当然跟房子的建筑格局分为上下两层有关，但除了钢筋水泥类的建筑，又有几种房子能抵挡得住猛兽般的大洪水？

考古学家们还发现，修筑这些房屋所用的圆木，有些是没有剥皮的，完整的树皮像一层衣服一样包裹着这些干枯的树木。从此迹象分析，可能当时整个聚落对树木的需求量较大，故来不及剥皮；另一种可能则是树皮有保护树木不受日晒雨淋侵害的目的，从而能有效地延长房屋的使用期。

十二桥遗址木结构建筑遗址

十二桥商周建筑遗址的另一类建筑是宫殿式的大型木结构建筑。如在1区25号探方发现的大型木构件，为五根砍凿整齐、修整光滑的方木。将这些方木两端的卯孔进行对接复原，总长度在12米左右，这极有可能是当时的一圈建筑"地梁"。如果按照这圈地梁的规模进行拓展，那么我们会发现一座规模宏大的"廊庑式"宫殿建筑。虽然它的工艺水平也许比后世的木构建筑差得多，没有雕梁画栋和曲径通幽的长廊，但起码也应有彼此相通的"庑"和"廊"，构成一处舒适美观的贵族居所。

我们不清楚十二桥遗址当时的环境，但潮湿低洼是肯定的。那么在大量的民居和宫殿建筑下面有没有积水呢？如果有，是否形成过大片的水域？假如这片水域还很宽阔，那么十二桥古蜀人的居家环境就成了"水上人家"了。夏日的傍晚，熏风从水面上吹来，贵族们摇着芭蕉扇，穿着丝质的衣服在回廊上乘凉；贫民区的妇女们则蹲在自己房屋的下面，举着棒槌似的木棍捶打和浣洗家人的衣服；孩子们像蝴蝶似的围着这些长廊游玩嬉戏；伤心的王妃独自倚着竹制的门帘触景伤怀，她看见水中金色的鲤鱼和青色的鲢鱼在快乐地游来游去，享受着河水和水草带给它们的乐趣，而她自己呢，像一只笼中雀一样被关在森严的宫殿里，虽然荣华富贵享受不尽，但她的心却是既凄凉又寥落……

十二桥遗址木结构建筑（局部）

→ 龟壳上的占卜图纹

值得注意的是，古蜀人在十二桥文化阶段有着和中原商周文化相同的占卜习俗。他们习惯并爱好烧灼龟甲，并以此观察兆纹预测吉凶。大凡祭礼、征伐、田猎、使命、往来、年岁、婚娶等大大小小的事情，在古蜀人眼中都是需要占卜的。目前成都地区发现过卜甲的商周遗址，包括以十二桥文化命名的十二桥、方池街、指挥街、岷山饭店、抚琴小区、将军衙门军区三招待所、新一村等，此外还包括后来发现的金沙遗址，而且各遗址发现的卜甲数量众多，龟的种类也包括陆龟、黄缘闭壳龟、乌龟等，已形成独具特色的古蜀龟壳式占卜文化。

古蜀人用于占卜的龟甲均为龟腹甲，也就是乌龟肚子上的那块甲，而不是背上的那块。究其原因，龟腹甲要比龟背甲的坚韧度差，修整起来或者钻孔烧灼起来都更加容易、方便。整体说来，古蜀时期的卜甲无论在修整钻孔还是烧灼上都要比中原粗糙，主要表现为使用材料随意，钻孔和烧灼没有严格按照程序精心操作，因而显得大大咧咧、粗糙原始，但两者的意义却完全一样。

古蜀人取材时是将龟背和龟腹连接处的"甲桥"锯断，只取腹甲用于占卜。从大量遗留的龟腹甲可以看出，古蜀人在锯取和制作这些甲时显得毛手毛脚。比如有些卜甲上还残留着凸出的"甲桥"，许多腹甲宽而薄的边缘未加修整，即使是修整过的，也锯削得很厉害，几条边往往参差不齐。我们知道，古人占卜是在龟甲贴肉的一面钻孔烧灼，然后通过另一面出现的裂纹（兆纹）判吉凶。有时遇到复杂的事情或者为了使占卜更"准确灵验"，往往在龟甲上钻许多孔，进行人面积立体化多次烧灼，以使裂纹更加丰富。所有这些繁复的工序，包括整治和钻孔，都是为了使龟甲变薄，从而易于灼兆和控制兆纹的走向。

通观十二桥文化遗址出土的卜甲，大约经历过四个不同时期。第一个时期，卜甲流行挖凿的圆形孔，因为采取的技术手段相对落后，所以挖凿出来的孔，口径普遍偏大，一般都超过一厘米以上，而且孔的分布也较密集，有的甚至像打了补丁的衣服一样相互重叠。第二个时期，也就是西周前段，虽然挖凿的孔还时常可见，但同时也出现了钻孔。由于采取的是利器旋转方式打孔，因而孔径变小了，而且孔的四周也显得十分规整。这一时期还出现了更为美观的"猫眼孔"和面积更大的长方形凿孔。第三个时期为西周后期，卜甲数量明显减少，打孔方式均为钻

十二桥遗址陶尖底杯

孔。到了第四个时期也即春秋前期，古蜀人好像忽然对占卜失去了灵感和兴趣，这时候的卜甲有相当一部分已经懒得打孔，而是粗蛮地直接用火烧灼，使其背面裂出兆痕来。同时，这四个时期出土的古蜀卜甲，其裂纹面——也就是活着的乌龟肚子接触地面的那一面都未加修整，保留着原始的"鳞片"和方格状的纹路。

那么，蜀人在取材钻孔以后又是如何进行烧灼的呢？从发掘出土的多数卜甲看，孔内有灼痕，有的灼痕已经漫出孔围，而且还有相当数量的卜甲在烧灼面的反面露出了焦黄的灼印，可见当时用于烧灼的温度很高，简直可以"力透纸背"。据此分析，古人烧灼卜甲可能是使用木炭、燃着的树枝或烧红的金属工具，而后两种方法被使用的可能性更大一些。因为随着钻孔的缩小和对占卜兆纹的精确度要求的提高，那么，使用烧得红红的树枝或筷状金属物，轻轻往事先打好的孔里一按，背面的裂纹就出现了。

但可惜的是古蜀人占卜技术普遍不过硬，烧出的兆纹走向往往都不规则，很多出现了三道以上的坼纹，出现"人""丈""大""入"等图纹分叉。而中原地区出土的卜甲兆纹走向显然已得到很好的控制，这说明他们的占卜技术要比古蜀人更高明，一般只出现直坼和歧坼两道裂纹，被灼出的字形一般显现"正""反""卜"等图纹，而且同一块卜甲只要钻孔是左右对称的，那么出现的兆纹也会左右对称。

商周时期的成都平原有着发达的占卜文化，这跟成都平原大量产龟大有关系，因为所有文化的发生发展都是跟它的物质基础分不开的。四川地区最早的一批龟发现于自贡中侏罗纪地层里，已有一亿两千万年左右，可惜它们早就死了，变成了冷冰冰的坚硬化石。三四千年以前，在江河密布、湖沼众多的成都平原上，各种各样的龟张牙舞爪地爬来游去，在河滩上留下脚印并产下卵。它们行动迟缓，像背负着命运的大山。在这样一种环境里，古蜀人对龟类崇拜的习俗被慢慢培养起来。虽然龟类看似笨拙，其实却有相当长的寿命，"百年鹤，千年龟"的说法虽不切实际，但龟活个一百岁没问题。十二桥所出卜甲中最大的一块经拼合，直径超过 30 厘米，算得上是一只庞然大龟，而金沙遗址出土的卜甲直径最大者有 50 厘米，应算是龟中之王了。

也许当时十二桥遗址的蜀王宫殿里就养着许多龟，这些龟都很名贵，大多是下面的部族首领进贡而来的。据《甲骨文简论》一书统计，武丁时

十二桥遗址陶尖底杯

期，中原商王就收到各地的龟甲贡品一万二千版。蜀王虽没商王的面子大，但他本人生活在龟的故乡，因此坐收点渔人之利还不容易？

我们甚至可以说龟和成都的关系异常紧密，甚至到了"相依为命"的地步。秦惠王二十七年（公元前 311 年），秦惠王命令驻守在成都的张仪修筑成都城，想把成都建成一座有南方特色的超级都市。张仪便招来全城的工匠开始筑城。可是筑一次，塌一次，怎么筑也筑不起来。张仪很纳闷，独自站在城边皱眉头，刚好在这时候"忽有大龟浮于江"，它在水中抬起头来看了张仪一眼，奋力游到了东子城的东南角，然后翻出白白的腹甲死了。张仪很伤感，便找到巫师，问这是一种什么征兆。巫师说，这下好了，你就沿着龟游动的线路筑城，城就不会塌。张仪依计而行，果然成都城就建起来了，没有再像从前那样发生垮塌事故。因为有了这段经历，所以成都城最初又名"龟化城"。

→ 一场洪水一场梦

前面已经说过，十二桥古蜀文化遗址是被一次洪水带来的泥沙湮没

的。洪水是成都平原的老问题，所以蜀这个地方才会出现那么多的治水英雄，从早期的鱼凫到秦时的李冰。事实上在都江堰水利工程修筑以前，历代的蜀王和政治家们都必须和洪水搏斗，因为洪水就潜伏在平原周边的山地中，说不定什么时候就会如脱缰的野马横扫整个平原。

从考古材料看，已知被洪水废弃的古蜀文化遗址，最典型的要数三星堆和十二桥。当洪水以排山倒海之势袭来时，任何文明都会在它面前战栗。仔细观察十二桥倒塌的木结构房屋，我们可以推测当时的洪水不是慢慢淹过来的，也不是从不同的方向或者分成几小股逐渐冲过来的，而是哗的一下就把一栋房子给掀倒了，用"巨浪滔天"来形容，应当是最合适的。在洪水到来以前，这里曾经是人烟辐辏、房屋密集的温馨聚落，古蜀人在这些带回廊的、铺设有木地板的建筑中尽情享受着原始粗粝的生活。然而洪水来了，人们也许预料到这次洪水迟早要来，要不他们怎么会在房子下面打埋木桩，以抬高房屋的居住面呢？蜀王尽管在传说中拥有三头六臂，神力无边，但在真正的洪水面前还是显得束手无策，一大片古蜀人居住区被无情地淹没了。那些本该与房子合为一体的方木雕梁、地板房檐顷刻间消解了，它们被埋在混浊的泥沙里。

古蜀时期的洪水到底有多大？据《蜀王本纪》记载，古蜀时期最大的一次洪水发生在杜宇统治时期。"时玉山出水，如尧之洪水！"换句话说，这次洪水简直跟人类洪荒时代的洪水一样，一旦淹过来了，就再也找不到陆地，可见当时的洪患是多么严重。唐代诗人岑参写过一首叫《石犀》的诗，以记录他耳闻的古蜀洪灾，诗曰："江水初荡潏，蜀人几为鱼。"

洪水汹涌而来，席卷了十二桥整个的建筑群，然后它又像失去兴趣似的慢慢退去。逃走的古蜀人回到他们过去的居所，只见满目荒凉，哪里还有家的影子？他们呆呆地伫立在远处看了半天，最后叹息一声，转过身去，走了。若干年过去了，洪水带来的草籽树根又在遗址上生根发芽，有好几个部族的人都从这里经过，他们只知道这是一片被洪水冲开的野地，并不知道底下还埋藏着大量的建筑。一百年过去了，两百年过去了……一千年过去了，两千年也过去了，再没人知道这里曾是古蜀王国的一个庞大聚落。直到 1985 年的冬天，我们又才偶然回想起这应该是被埋藏 3000 多年的古蜀聚落啊。

一场洪水，一场梦。

十二桥遗址陶尖底盏

古蜀国国家祭坛
——西周羊子山土台

→ **神秘之台**

成都北门外，有一座古石桥名叫驷马桥，过桥往北再走一公里，曾经有一座直径为 140 米、高 10 米的巨大土台，那便是著名的西周羊子山土台。

过去老川陕公路从这里经过时，车上的人远远望见一个土丘如庞然大物般隆起在平原上，都会问："这是谁的墓啊？修得这么高大。"的确，在羊子山土台的年代和性质被确认前，连考古学家们也认为它是一座有着特殊背景的古代大墓。

土台的西北方向，一条名为"凤凰河"的河流潺潺从此迂回向南，再缓缓流经威凤山的南麓进入府南河锦江段。1953 年底，当地农村在土台旁修建了一座砖瓦厂，打算把这个没用的土台通过烧制砖瓦的方式消化掉。西南博物院的考古学家们闻讯后，即刻派人到现场去"配合"清理，先将土台上面的古墓群清理干净，然后再让砖厂的工人们取土。

土台上的坟墓从秦代到现代的都有，毕竟当地居民认为它隆起那么高，定是一块风水宝地，所以从古到今都把坟墓建在土台上。

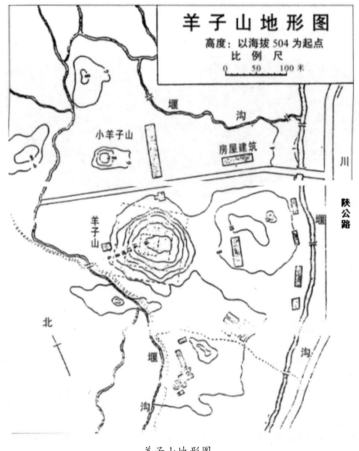

羊子山地形图

考古学家们期待着一座大墓的出现。如果它真是一个大墓的话，墓主人的身份和级别一定非常高，因为大家凭直觉也知道这是一座人工堆筑的土台，说不定会是蜀王墓地或者三国时期著名人物的坟墓？然而等待落了空，两年多时间过去了，土台已缩小至40平方米，期待中的大墓终于没能出现。尽管如此，这种违反常规的现象倒更加引起了考古学家们的关注，于是开始从头分析和清理。结果，发现它是一座商末周初始建的、一直使用到秦代方才废弃的古蜀国国家祭坛！

经过仔细的清理和测量，考古学家们发现这座土台最初的形状颇像去顶的埃及大金字塔，而且祭坛四面均有台阶可以登临。它的建筑方式已很高超，整个过程为：先在土台中心约 31.6 平方米的范围内围筑一圈"□"字形的墙。墙基先用工具夯成 12 厘米深、6 米宽的凹槽，槽内再用土坯砖砌墙。每匹土坯砖的长宽高分别为 65 厘米、36 厘米和 10 厘米，砖内还掺杂大量藤草之类的粘连物。以砖砌墙的方法为平置和上下齐缝相叠，砖之间的缝隙采用灰白色细黏土粘连。从发掘时的情景看，砖与砖之间连接得十分紧密稳妥。墙体由底层砌至第 10 层后，外壁仍然直线向上砌，而内壁底层添砖加料形成一个锅底形，然后再往"锅"里加土夯实。从至今残留的清晰的夯窝看，夯具应为圆形的木棒或石锤。夯窝十分均匀，平均直径为 9 厘米，也就是说，夯土的工具应该有小碗那么粗。

待第一个方台砌到一定高度时，建筑师又指挥工人们在它的外围砌第二层土台，使两者间形成"回"字形，并将"回"字中间的空地加土夯实，使之成为一个整体，然后再在它们的外围加筑第三道台，也即最外面一层台。如此筑法看起来环环相扣颇为麻烦，修起来也费工费时，但实际却有不少好处。看来整个方案是建筑师事先精心策划过的，说不定还画了详细的图纸呢。如此修筑的好处之一，是可以很好地控制每一层之间逐渐递增的高度，为四面台阶的整齐划一打下基础。此次大型土建工程的修筑估计用土量在 7 万立方米左右。如此之大的工程，在当时生产工具尚不先进的情况下，动员的人力、物力，以及所耗费的时间应该是相当大的。

国家祭坛建好以后，蜀王也许还兴致勃勃地前来验收。耸立在他面前的是一座高达 12 米的雄伟之坛，他一阶一阶地往上走，觉得还不费力，因为台阶的坡度是 13 度，比较平缓。等他登临祭坛顶上时，他有一种豪迈的感觉，这时候蜀王觉得自己头顶苍天，脚踩大地，他为自己的设想和建筑师们的手艺感到满意。

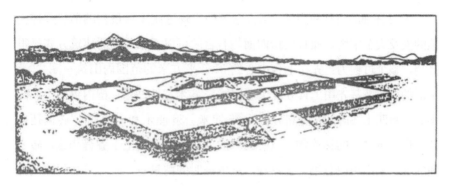

羊子山土台复原示意图

关于羊子山古蜀国国家祭坛的建筑和使用年代，目前考古学家们还有争论，因为它涉及一个始建年代和一个废弃年代。废弃年代的争论相对要小一些，因为祭坛顶上出土的 172 号墓为秦代墓。而且到了秦代，古蜀人的大型祭天祭祖仪式已不盛行，秦灭巴蜀以后中原文明之风呼呼地吹了进来，人们的信仰和习俗也随之产生相应的变化，因而这座祭坛的废弃年代应在秦是没有多大问题的。至于始建年代，则有商末周初说、商代说、春秋说、西周说等等。我们觉得商末周初说比较合理，因为台基上遗存陶片有高柄豆、小平底罐、盖纽和绳纹的盆等，而陶片又是最具有时代特征的东西（它往往保留着时代识别的密码），这样的陶片在十二桥文化一期里最为常见。再者，十二桥文化时期的古蜀人已在今天的成都城市西部形成大型的聚落，从金沙遗址、十二桥遗址看，也明显具有王国特征。因此，在没有山的成都平原上，古蜀人跑到城市北边去修一个国家祭坛，也显得合情合理。如果再从建筑技巧上推论，十二桥遗址的大型"廊庑"式木结构宫殿建筑与羊子山国家祭坛的"三道式"砖坯建筑，不是有十分相似的地方？尽管一个是土建，一个是木建，但明显的技术革新已使两座遗址有了可以互通的血脉。

著名考古学家孙华在《羊子山土台考》一文中指出，羊子山土台的建立"当与在成都建都的开明氏紧密相关"。这就为我们指明了羊子山国家祭坛的主人。开明氏是继杜宇之后的一代蜀国英主，根据考古材料和文献证实，开明氏王朝的后期已把成都作为其首都所在地，而且常常采用"五丁力士"的劳役组织大兴土木。

开明氏筑坛而祭，其实也并不是他的个人发明，因为中国的古代帝王们从新石器时代晚期开始，就普遍采用筑坛的方式来进行大型祭祀活动了。目前已发现的中国早期祭坛（当然不包括北京的天坛、先农坛等）主要有：良渚文化中的瑶山祭坛、余杭县瓶窑镇汇观山祭坛、上海青浦县福泉山祭坛等。其中 1987 年发现的瑶山祭坛和 1983～1984 年发掘的上海青浦县福泉山祭坛，都与古蜀国羊子山祭坛的建坛方式基本一致，都是坛面呈阶梯状，自上而下分成三个大的台阶。瑶山祭坛更明显是由三重遗址构成，最中央的是一个略成方形的红土台，土台四周是一条"回"字形的灰土沟。在所有这些祭坛中，古蜀王开明氏的国家祭坛是规模最大的，底座面积超过 1900 平方米，而瑶山祭坛则只有 1600 平方米。

→ 先民们的仪式

古蜀人在修筑羊子山土台祭坛时，是否举行过隆重热烈的奠基仪式？从考古发掘材料看，应该是举行过的，而且目前还有一些神秘的遗迹尚不能解开谜底。

首先，在修筑这个浩大的工程之前，人们举行了隆重的奠基仪式。考古材料证实，在祭坛与地面之间的层位上（即修筑祭坛之前的原始地表）发现有石璧、兽骨、盆、罐、豆类陶片和焚烧树枝的痕迹。最初人们认为台基上的灰烬应当是古蜀人在建坛前焚烧了这片土地上的树林，可是后来发现灰烬都是些小树枝被烧后遗留的痕迹，而且有目的地分成三处，里面还混杂着陶片，可见这不是焚烧树林，而是奠基仪式上的某种行为所致，说不定那块残断的石璧就是当时仪式上折断并丢弃的。

更不可思议的是，地面台基上发现有几条醒目的白色石条，摆放成方框状，中间还有两条白石成对角线交叉，构成一个"⊠"字形，这显然是奠基仪式上埋下的某种神秘符号。它有什么意义？它是巫师们所依赖的符咒图像吗？它的作用是为了使这座祭坛能够顺利建成并千年不倒吗？这一切恐怕都成了千古之谜，因为我们现在离现场已经太远，我们无法复原三四千年以前古蜀人的想法和用意。

根据以上古蜀人所留的"蛛丝马迹"，我们大致能够推想：建坛前古人们曾经在此举行过祭地仪式，因为要使这座祭坛拔地而起并最终建成，那么祭祀土地是免不了的。从残留的石璧、陶器和灰烬看，其仪式大体是先摆上各类祭器，陶器中斟满酒，主持仪式的巫师或法师禀告作法，然后再焚烧祈祷。

当古蜀国国家祭坛建成并投入使用以后，它是祭祀什么神祇已不可考，但推想应不出天地山川等大型神祇，因为如此大的工程和耗费，其目的性是很强的。作为国家祭坛，它起码应该起到关乎社稷安危、人心向背的作用。蜀王头戴礼冠身披法衣登临祭坛，主持祭祀的官员紧紧地跟随在他身后。祭坛之下，各级官员和黎民百姓黑压压地跪了一地，他们也许都朝着同一个方向，朝着他们祖先最初的发源地。祭祀开始时，蜀王高擎青铜酒杯向神灵祈祷，然后将酒泼洒在祭坛之上，如此三巡以至九巡，坛下百官黎民均按序叩首……

若干年后，当初显赫的国家祭坛被废弃了，战争使当初参加祭祀的人群迁往他处，蜀王也躺在了阴森的地下船棺中长眠不醒。祭坛渐渐被成群的野兔和土拨鼠所占领，风雨一点点改变了它原有的形貌，台阶消失了，顶端也垮塌了，树木和荒草从泥缝中生长出来，一年一年地随着季节的变化落下枯黄的叶子。而土拨鼠们则在这些衰败的树叶和泥土间打洞觅食，生儿育女。甚至到后来，人们已不知道它是一座国家祭坛，有人在上面安葬坟茔，有人在上面放牧牛羊，砖厂的工人也扛着锄头前来取土了。一座雄伟的国家祭坛就在历史的演进过程中逐渐衰败、消亡以至于无影无踪。

商业街巨型船棺独市棺墓葬

→ 意想不到的蜀王家族墓地

古蜀文化时期的蜀王墓葬发现甚少，主要原因是它们不像沙漠王国中的古埃及法老们的墓葬，有雄伟的金字塔作标记，还有干燥的气候、珍贵的药物和保存完好的文献作参考，从而很容易找到那些墓葬以及法老们被风干了的"木乃伊"。过去曾经有人推测三星堆祭祀坑可能是某个因意外原因死亡的蜀王"大墓"，但推测毕竟不是现实，两者的距离总是通过想象来加以弥补和填充的。此外，像郫县望丛祠之类的遗迹也被认为是古蜀望帝、丛帝的陵园，其实它们和成都武侯祠是一样的，人们在此只能看见后世的歌颂和建筑，而看不见祠堂主人的棺木和他们憩息着的长眠之地。

虽然成都平原的地质环境不适于完整保留几千年前的古蜀王墓葬，但历代蜀王一定是在这块平原上营建过自己的坟墓，而且其规模也一定是相当庞大和豪华的，只是考古学上的"偶然性"因素使得我们发现甚少，只于1980年在新都发现一座开明九世至十一世之间的某代蜀王之墓。

2000年7月29日，四川省委办公厅在成都市中区的商业街修建机关食堂地下室时，意外地发现几具大型船棺。两天后，当地的考古学家赶往现场作进一步清理发掘，结果使人大吃一惊，原来这里竟是古蜀国最后一代王朝开明氏的家族墓地，消息传开，全城沸腾。

此次发掘一共出土大型船棺和独木棺17具，它们像穿越时空隧道的潜水艇一样，整齐地排列在一个长约30米，宽约20米的竖穴式墓坑中，最大的一具船棺展现在考古学家面前时，连他们也感到目瞪口呆，长度竟然达到18.8米，直径1.7米，堪称中国的"船棺王"。另有3具虽然比"船棺王"略小，但也可称之为船棺中的超级大棺。剩下的13具为小型葬具，其中还有一部分是专为殉人或放置随葬品而设的小型木

137

中华第一棺

棺。所有这些棺木均采用贵重的楠木整木刳凿而成，葬具下还垫有纵横交错的众多枕木……如此高大的楠木被用作蜀王葬具，这一方面说明当时成都平原森林覆盖面积相当大，取材容易；另一方面也表明了这座墓葬的规格。要把一棵直径1.7米、长度超过20米的楠木锯倒，再通过长途运输抵达墓地，并且由工匠通过斧锯等原始工具将它从中间剖开，再从墓坑上安放进墓坑里，这显然不是常人所能为的。如此浩大的工程也显然不是小打小闹，它必是古蜀人集体智慧和力量的杰作。

可惜的是，这一珍贵的古蜀王家族墓地在汉代时曾遭到破坏。从发掘现场看，汉代的人曾经强行打开过这座大墓的一角，并且进行过大规模的劫掠和盗掘。我们不知道是什么原因让汉代人发现了这座墓，根据造成破坏的程度推测，应当是人数众多的一个团体势力所为，而非一个两个的盗墓贼。葬具中除3具外，其余都有被盗的痕迹。盗贼们进入墓坑后，采用了锯或砍凿的方法在船棺盖子上凿开一个洞，然后探进身子去"探囊取物"。现存的盗洞都显得非常规则，可见盗墓的人有盗劫船棺的经验和手段。他们当然无法在拥挤的墓坑内打开船棺的盖子，因为盖子就是半棵完整的楠木，实在是沉重如山。

考古学家们通过墓坑内多余的空隙和枕木排列的情况推测，如果这座蜀王墓葬不遭到严重的破坏，那么葬具的总数应该超过30具。

为什么身份高贵的古蜀王要用整根的大楠木来做自己的葬具？这

么笨拙的葬具是为了给自己的尸体保险吗？我们说不是的，船棺葬乃是一种南方的葬俗，因为那时的人们都习惯如此，所以连贵为国君的蜀王也难逃此俗。那么过去中国农村使用的木质棺材是船棺葬吗？我们说是，也不是。说它是，是因为两者的外形无大的差别；说它不是，是因为现在已不使用整根大木头了。我国现已发现船棺的地区有四川、青海、福建、云南、贵州等，四川地区是发现最多的，主要流行时期约为春秋战国至秦代。早期的船棺没有庞大的体积和外形，多半体形单薄，形似独木舟（或者说它本身就是独木舟）；中期船棺两舷加高，两端齐平，上面也有盖子了；晚期船棺的外形要相对美观一点，两头上翘、一头尖。商业街大型船棺葬，按考古学家的推测，应当建于蜀开明王朝的晚期，即春秋晚期至战国早期那段时期。过去有人认为船棺是巴人的专用葬具，其实这是个错误的说法。因为在四川地区已知的船棺墓葬中，除巴县一处外，其余 10 多处都在古蜀人生活居住的区域。如早些年发现的新都马家木椁船棺墓，成都百花潭中学 10 号墓等，均出土过豪华而丰富的随葬品。还有一种说法，认为船棺是古代渔民特有的葬俗，其实这也是无稽之谈，因为从所有已发现的船棺里，我们找不到渔民们喜欢的渔网、鱼坠、渔沟或与渔民生活相关的东西。只能说中国古代南方的水运发达，"北人骑马、南人乘船"，以船棺盛载尸骨入葬，意为乘一叶小舟抵达彼岸世界，它与北方葬俗文化中的"车马坑"是相应的。

→ 寻找"中华第一棺"的主人

商业街蜀王墓地出土的最大一具船棺，是目前已知的全中国最大的船棺。从它的制作技术看，两端平整，底部被修整过，当整根的楠木被从中锯开时使用了较为先进的工具，因为我们看不到刀砍斧削的粗陋痕迹，而是锯子加工出来的一样，推测当时可能已有铁器。棺盖和棺底基本上是一根整木从中一分为二，这就保证了棺盖有足够重量，轻易不会被掀开。棺盖上的盗洞位于棺体的五分之二处，不在正中，洞口比人身大，推测盗墓贼当时可能爬进去过。

考古学家们在各船棺的周围发现了大量的青膏泥。这种青膏泥和前文所述的白膏泥都是蜀人善用的防潮剂，只不过颜色不同罢了。由于青膏泥有密不透气的性质，因此棺木中未被窃走的各类漆器和棺底竹席均保存完好。

商业街出土的巨型船棺独木棺

那么谁是这具硕大无比的船棺的主人？是兴盛的开明王朝十二代国王中的哪一位？从船棺内的出土文物看，计有陶器、漆器、竹木器、铜器、青铜巴蜀式兵器等，其中漆器又包括耳杯、几案、器座、梳子、瑟、编钟基座及大量的木构件等。尤为引人注目的是，一些大型漆案漆几的出土，为我们提供了墓主人身份的基本线索；再加上出土的大型编钟、编磬漆架，以及敲钟的木槌（可惜青铜编钟在汉代已被盗走），墓主人的身份实际上已经显露。因为铜编钟和漆艺高超的大件几案，均为宫廷用品，所以墓主当为蜀王应无大误。

加之墓坑中发现了专门用于殉人和随葬器物的小型船棺，也可推测墓主人当有显赫的政治地位，自己死掉也就罢了，还拉几个活人来陪葬，这只有君主才能做到。此外，该墓葬从形制到规模，明显是一个家族墓葬，墓坑中的船棺摆放最多时超过 30 具，这是一种什么概念？一般的臣僚贵族有如此显赫的声威吗？显然没有，只有君主家才有众多的嫔妃、太子、公主、王爷，而且这个墓葬从开挖到准备棺木直至下葬掩埋等一系列浩大工程，没有极高的政治权势作保障是难以完成的，因为大量的人力物力都需经过精心的组织安排。

考古学家们还发现，在墓坑之上，原来还有一座精美的、不亚于皇宫的大型木构建筑，这不明明就是皇家陵园吗？所以，没有理由否认这是一座罕见的古蜀王家族墓地，最大一具船棺的主人肯定是开明末世的某代君主。本次发现应当是 2000 年我国最重大的考古发现之一，它和三星堆、金沙遗址一起，构成了古蜀文明河流中耸立着的标志性岛屿，必将世世代代为人所传颂、所瞻仰。

→ 想象中的楼台亭榭

在墓坑东南侧的泥土里，考古学家们还惊喜地发现了一根粗大直立的柱础。从它的大小和形状看，应为制作船棺时所剩下的材料，也就是高大楠木的尾端一截（此前，在该柱础前面不远处，已有另一根柱础在建筑施工过程中被挖掉）。随着清理发掘的深入，又在墓坑南边发现带榫头的条形方木，它们构成一个长方形框架，东西长约 15 米，南北宽约 7.5 米，推测应为当时的木构建基础；同时，又在该基础的东西两侧发现同样宽度的"边厢"。类似的建筑遗迹在墓坑上部东侧一

商业街船棺独木棺墓地出土的漆木器座

线也有发现，这说明当时墓坑上面和靠前的地方建有大型的木构建房屋，这与古代宗庙及陵寝制度中的"前朝后寝"相一致。

何谓"前朝后寝"？它是古代帝王视死如生的一种寝陵格局，即前部按生前朝中建筑设计修建，后部为长眠安寝之处——寝陵。如此就有了一种气派，通过高超的营造把生死之间的空白地带都完善地构筑起来了。当时商业街蜀王墓地一带还是一望无际的开阔地，也许有一些聚落和城址零星地散布着，但绝不会拥挤。也许有一条较为宽阔的卵石铺成的泥路，那是蜀王运输棺木和材料的通道，蜀王的后裔们也沿着这条道路定期前来祭祀扫墓，路的两边长满萋萋的芳草，道路中间逐渐被车轮压出深深的两道辙印。抬头望去，家族墓地前的建筑没有宫中建筑奢华，颜色也不艳丽，而是一派肃穆的、古雅的气氛。

这些由上好楠木构成的寝陵建筑，已经明显比十二桥遗址的木结构宫廷建筑完美，它的楔卯部分已相当科学，可以严丝密缝地把一根一根的木头按照不同的方式连接起来；而且到战国时，成都的漆器工艺已相当发达，这里的寝陵建筑完全可以请最好的漆工抛光上色并描龙画凤。

→ 绝世漆器成都造

商业街蜀王船棺中出土的最有特色的器物是漆器，种类包括日常生活用品中的梳子、耳杯、几案等，还有编钟基座、放置物品的器座以及瑟。这些漆器均为木胎漆器，底子是黑色的，上面加绘鲜亮的红彩，虽然历经数千年，但仍是表面如新、光可鉴人。每一件漆器都是色彩亮丽、纹饰斑斓的绝世珍品。纹饰的变化也相当活泼丰富，包括龙纹、变形鸟纹、卷云纹等等。从它们的制作技术和纹饰风格看，应当早于湖北江陵一带所出战国中期及晚期的楚国漆器，而与湖北当阳所出春秋晚期漆器颇为类似。此外，许多漆器上画在方格之内的龙纹，又与中原地区所出春秋晚期至战国早期错嵌红铜的铜器上的龙纹非常接近。这一方面表明蜀文化与中原文化相互交流的情形，另一方面也表明这批漆器的制作年代不会晚于战国初期。

三星堆遗址曾出土一件雕花漆木器，而且青铜人头像上面的金面罩内侧有一层"极薄的呈枣红色的硬壳"，也为土漆黏结时所留痕迹，由此可见三星堆时期的古蜀人已熟练掌握了制漆用漆工艺。春秋战国时期的成都漆器曾大量出土于荥经和青川墓群，漆器种类包括漆盒、漆盘、漆壶、漆杯、漆奁、漆梳等日常生活用品，说明当时漆器已不是什么罕见的贵重物品，它实际已深入一般贵族家庭。有趣的是，制漆工匠们深知自己制作的产品绝非一般手工艺品，而是可以扩大名声并留作纪念的上等工艺品，因此均得意地在漆器上留下"成都造"的烙印文字，以示区别。

到了两汉时期，四川境内的成都、郫县和广汉县城北所产漆器已如三驾马车独步天下。1957年贵州清镇第15号汉墓出土的部分漆器，上面也自豪地铭出产地"广汉郡"！三星堆遗址出土的雕花漆木器以木为胎，外施土漆，木胎上还有镂孔，器表饰着雅致的图纹。实际上，漆器的生产制作并非如我们想象的那么简单，它包括了割漆、生漆加工、制胎、上漆等一系列流程。

商业街船棺独木棺墓地出土的陶罐

制漆首先要栽种漆树，然后在漆树身上用刀割出口子，等树内汁液如泉水般慢慢渗出，再汇聚起来进行加工。从全国范围看，春秋战国时期的成都漆器是很有名的；而从世界范围看，"中国漆"则一直是这个东方古国的某种象征，这正如瓷器能够代表中国形象一样，漆器实际也为我们增了不少光。《周礼·载师》记载了当时的一种官名，名曰"漆园吏"，是一个很古怪但形象的名字。《史记·老子韩非列传》则说，如果当时一个人拥有一千亩漆树的话，那么他在政治上的地位就相当于一个"千户侯"。尽管考古学家们看到过不少古往今来的漆器，但面对商业街蜀王船棺墓所出漆器，也忍不住感叹：这是我国战国漆器中仅见的精品！

→ 下葬时的情景

读者会认为，商业街蜀王船棺独木棺墓葬所出船棺内，一定装着或曾经装着古蜀国王储们的尸体，其实你错了。在这些船棺中只装着从别处坟墓中拾来的人体骨架。为什么会这样呢？因为古蜀人时兴"二次葬"。我们今天所见船棺内的人骨就是蜀王（或家人）被埋藏若干年后，其后人将骨头捡起来重新安葬在船棺内的。

作为一个家族墓地，它仿佛是亲属们在另一个世界的团聚之地。它的方便之处在于，能够把不同时代、不同地区因不同原因死亡的亲属都归拢到一起来，能够有效避免因尸体腐化等原因造成的不便。当这个家族墓地建成时，新的蜀王把他以前的亲属骨骼都拾捡起来，埋在一起，意义相当于"合棺"或"合影留念"。这是葬俗上的一个极大进步，其意义可以和今日的"公墓"相媲美，只不过一个是公众的，一个是私家的。它甚至比北京十三陵、成都明十陵等皇家墓群更令人珍视，因为它不是肉身下葬，而是采用比较干净和简约的"二次葬"。

虽然船棺中埋藏的仅是人身上的骨头（骷髅），但古蜀人并不是将这些骨头随意安葬的，而是按照一定的方法和程序，把骨头进行拼接，然后再举行入葬仪式。根据这一点进行推测，当时营造这块墓地时，可能一次性就把坑中所有的船棺都准备好了，只等那些葬在别处的腐化尸体到了某个"良辰吉日"，再开墓捡骨，然后陆陆续续地安葬到这里来。

如此多的大型船棺独木棺是如何从坑的上面安放入坑底的？中央电

视台曾经播过一个考古类解密节目，介绍中原战国时期的一个王侯墓，墓中的石棺有数吨重，而且从它斜着栽入坑内的情形推测，当时的人们可能使用了绳索和支架，但在把石棺吊起来准备放入墓坑时，绳子断了，于是这具庞大的石棺就斜着栽入墓坑，把坑底砸出一个巨大的洞。我们认为商业街船棺的下葬方式可能与此类似。首先，这些船棺不可能是在坑内制作的，因为坑的长宽分别只有 30 米和 20 米，一根长达 18.8 米的巨大楠木进入坑中以后，开锯、挪动，再将锯开的棺盖揭下来摆在一边，然后又在剩余的楠木上凿出坑穴，这一切都不会显得游刃有余，而只会显得"鱼大塘子小"；而且坑中不仅摆放着这一具船棺，三十几具大小不等的船棺还在排队等着哩。所以，合理的推测应当是：人们在不同的地方选好了上等楠木，然后锯倒，剔去多余的树枝，通过水路或陆路陆续运到商业街集中，船棺加工厂就设在墓坑上面不远的地方。这里齐集了成百上千的木匠和身强力壮的民工，刨的刨皮，锯的锯树，这项工作持续的时间很长，也许有半年，也许有八个月。等一具又一具的船棺做好以后，人们在墓坑上面搭起脚手架，架上的绳索有小孩子的胳膊那么粗。民工们先用滚木将船棺移到坑的边沿，然后系上绳子，数百人拔河般拽着绳子，船棺离开地面被吊了起来，再缓缓地被放入了坑中。到了坑底，底下也有许多滚木，一些人扛着棍棒把棺移到预定位置，然后等待下一具船棺被绳子吊下来。

也许还有一种可能，那就是当初墓穴的四壁不是笔直的，而是有一面缓坡。倘若如此，倒可以节省许多人力物力，小的船棺只需十来人抬着走下去，大的船棺也可以用滚木滑下去。

所有的船棺现在都整齐地排列在坑的底部，仿佛要开一个古蜀国的大型楠木船棺博览会。作为树的使命，它们现在已经完成，它们下一步所要履行的是一具船棺的使命，静静地待在那儿，等待那些精美的漆品、曾经在宫中奏出美妙音乐的编钟、一把柳叶形剑以及那个姗姗来迟的高贵的古蜀王的尸骨——还有那个运气不好、被选为殉葬品的卑微的奴隶或战俘……

新都战国木椁墓:
躺在青铜冷兵器上的末代蜀王

→ 安息在巨大的楠木棺椁里

1980 年 3 月,新都县马家公社二大队第三生产队在修整晾晒谷物的晒坝时,意外地在东北角发现一座木椁墓的椁枋。它们像一排地下储藏室的木窗格子一样横在人们面前,阻拦了人们向内窥视的视线。这是一处墓葬,还是一排被掩埋了的地下建筑?人们有些怀疑,用手抚摸这堵像卷帘门一样横设的木枋时,人们认出它们都是珍贵的楠木,而且时代久远,被切割成方形的木料已经腐朽发黑。消息传到县文物管理所和四川省博物馆,于是,两家单位的考古学家们即刻对该遗址进行了清理发掘。结果使人大吃一惊:原来这是古蜀晚期开明九世至十一世之间的一座蜀王木椁墓!在成都平原发现真正的古蜀王墓葬,这还是第一次。尽管我们从文献记载和近些年的考古发掘中,已经了解了蜀王们的族属、政绩、长相、建城方式和活动区域,人物的音容笑貌似乎正在变得鲜活起来,但真正接触到蜀王倒下的身体和他所长眠的墓坑,在当时还是头一遭。

考古学家们的兴奋不言而喻。那时候,三星堆祭祀坑、十二桥建筑遗址、宝墩古城、商业街船棺独木棺墓葬、金沙遗址等重要的古蜀遗迹尚未发现,人们还无缘目睹蜀王曾经使用过的金杖,以及他们的家族墓地和太庙中陈列的精美绝伦的各类青铜礼器。发掘工作从 3 月 14 日持续到 5 月 3 日,经过近两个月的发掘清理,出土了大量商周至战国时期的陶器、青铜器、漆器、各类宫廷用品等珍贵文物,震惊了四川考古学界。

这座古蜀晚期的蜀王墓葬属于典型的木椁墓。何谓"木椁墓"?它是蜀王为了使自己的"九泉生涯"更加舒适干燥,或者更接近他生前的物质条件,从而使用许多珍贵的木头、木板在地下搭建的一个长方形

"盒子"似的墓坑。也可以说，它是当时蜀地的特殊葬俗。这座墓的木椁同商业街船棺的用料一样，全是楠木，结构宏大，连接精巧，整个椁由34根长木枋和12根短木枋叠砌而成。椁底同样使用了二十几根楠木做枕木，如铁轨般把整个墓室抬起来。在木椁的拐角处，楠木与楠木相接的地方直接以槽榫相衔接。木椁东西长8.3米，南北宽6.76米。

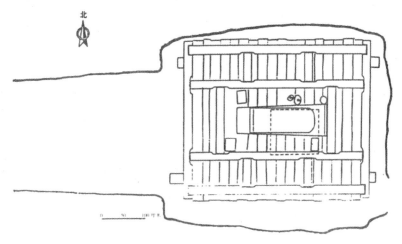

新都战国木椁墓平面图

在木椁墓葬的内部，古蜀工匠使用分割的方法，把整个木椁墓隔成格子状的棺室和八个边箱。棺室内存放蜀王安息的独木棺，而边箱则用来放置各种各样的陪葬器物。建好以后的木椁墓像一个打算托运的木质集装箱。为了防潮，下面铺设大根的枕木；为了使里面的东西主次分明又加装了分隔的格子；甚至为了使它不受潮，人们还在木椁和墓壁间留下一条宽约0.18—1米的空隙，隙内靠里的空间填充防潮防渗的青膏泥，靠外的空间则填充夹沙黄土。如果再把木椁的盖子盖上，那么这个"集装箱"就可以交给历史老人办托运了。经过漫长的3000年的旅途，被托运的木椁终于抵达读者面前，现在只等考古学家把它打开，我们一起来验货，看在托运途中有什么东西丢失没有。

→ 粗心大意的盗墓贼

果然,木椁墓的被盗情况非常严重,也许在汉代就被成批的盗墓贼一次二次光顾过了。现在,我们在木椁的八个边箱里几乎找不到什么完整的东西,仅在淤土中发现一些小件器物和陶、漆器的残片等。比如,在头箱与南边箱发现少量铜箭镞、铜弩机和残漆木弓等兵器;北边箱内发现少许兽类残骨和陶釜、陶罐、陶豆等。脚箱内发现许多被盗以后的漆器残迹。根据这些残迹分析,当初脚箱内一定是堆满了各类描金绘彩的、既闪闪发光又精美至极的木篾胎漆器。可是现在,考古学家们只找到了一块黑底白彩绘的漆器残片。在多达八箱的陪葬物中,一定还有大量的献牲和不计其数的金银珠宝,因为我们在被盗贼洗劫的现场,发现有从整串的珠子上遗落的水晶珠、料珠等,动物残骨也有少量发现。按照通常的经验,读者对墓葬的兴趣一般会比遗址更大,因为墓葬更可能发现成批贵重的人类物质遗存;同时,墓主人的身份以及他在历史上遗留下来的故事,也往往引起我们想看一看他的墓室的好奇心,埃及法老的墓葬或者慈禧太后的墓葬都能勾起读者的窥视欲。现在这个末代蜀王的墓葬虽然被盗墓者翻了个底朝天,但我们想象得出当时的陪葬一定是异常丰厚的,充满了蜀王家族特有的靡丽气氛,以及象征他们身份的规格和档次。尽管盗墓贼都是些精明能干、训练有素的"专业人士",但他们依然没有发现这座墓还有一个"腰坑"。腰坑位于独木棺的下面,这是盗墓者做梦也没有想到的(或者想到了,但没有办法盗取)。因此,近200件以青铜兵器为主的铜器坑被完整地保留下来。这是一批我们以前没有看见过的、不同于三星堆青铜器的实用器具,包括剑、戈、钺、矛、斧、锯、斤、削、凿、刀、编钟、壳、甗、鼎、勺、豆、盘等,其中的一把手锯已经同今天的锯子没有什么区别了。

放置独木棺的棺室处于木椁墓的中心位置,而且比其他八个边箱面积更大(长4.76米,宽2.88米)。该室四周的木椁内壁残留着红色色彩,底部的椁板上先涂刷过一层黄色的底料,上面再覆盖一层石青的颜料。由此可见，当时的棺室四壁都被涂抹得鲜艳光亮，显得豪华富丽。蜀王安寝的葬具是一具长 4.14 米、宽 0.98 米的由整根楠木挖凿而成的独木棺。棺外涂黑漆，棺内涂红漆，两端上过金粉，的确算是难得一见的超豪华棺木。盗墓贼轻手轻脚进入这座木椁墓以后，首先争抢着拿走了各个边箱里的随葬品，然后围着这具独木棺打起了坏主意。按照他们过去的经验，最贵重的稀世珍宝往往都随葬在棺体之内，比如穿在死者身上的金缕玉羽衣呀，含在嘴里的夜明珠呀，以及搁置在身体两侧的金银珠宝、稀世珍玩等。可是这具独木棺的密闭和保护措施非常周到，首先棺盖和棺体相扣合时，使用了严密的卯榫类凸凹槽，也许槽内还使用过黏结剂。从盗墓贼无法直接掀开棺盖来看，当时棺身外一定还围绕或绑扎了坚韧的护带——类似于铁丝一样的带子——把棺木牢牢绑紧。盗墓者们想尽了办法也打不开这口独木棺，于是一气之下，就采用刀剁斧砍的办法，把这具外形精美、遍涂朱彩的棺木像伐木似的伐为三段。

　　这不明摆着是采用了"杀鸡取卵"的办法吗？盗墓者不惜砍烂棺木，抛出蜀王尸骨，也一定要把棺中的宝物得到。他们的目的既简单又明确，那就是拿到值钱的东西，发一笔大财。当他们憋着劲砍断独木棺，拿到他们想要的珍宝以后，一个小头目眼尖，忽然发现原先安放独木棺的地方还有一个暗箱（腰坑），上面覆盖了一块厚厚的楠木板，木板卯榫得牢牢的，掀不开。墓坑里所有的盗墓贼都围了过来，他们的眼睛在幽暗的墓坑里闪烁着动物夜间特有的光亮。一个看样子有多年盗墓经验的人站了出来，使用凿一类的工具在椁底板上打出两个小洞，一个直径 0.12 米，一个 0.08 米，大致可以伸进一只手去。尽管这些盗墓贼一个个都是胆大妄为的亡命之徒，经历过许多惊险而离奇的墓室险情，可现在却没人敢伸手往腰坑里摸，因为下面黑乎乎的，他们不知道下面是一坑毒蛇呢，还是一坑金银财宝？万一伸手进去拨动了机关，整个坑室像塌方一样垮下来，那这十几号人的性命岂不完哉？

　　盗墓贼们站在墓坑里犹豫了一会儿，最后通过抓阄儿的方式决定一个人伸手去摸。这个人先趴在地上顺着盗洞往里瞧，只觉得有一股阴森森的冷气扑面而来。但既然已经决定由他去探查，也只好壮着胆子伸下手去。突然，他觉得有一股冰凉刺骨的、液体似的东西蜇了他一下，顿时整只手都变得麻木和不听使唤了。随着一声尖叫，聚集在墓坑里的盗墓贼都发疯似的往外跑，都以为蜀王终于发怒了，正使用最阴险的暗器伤害他们。待他们惊魂未定地跑上墓坑顶部，一圈人围着那个倒霉的盗墓贼的手看。只见他的手果真不能动弹了，而且还湿乎乎的，像是捏了两把冷汗。盗墓贼们既然已经洗劫了整个木椁和蜀王的独木棺，得到了许多闻所未闻的宝贝，也就懒得再冒险去挖开腰坑。他们在瑟瑟的秋风里站了一会儿，然后就携带着盗得的东西，心满意足地走了。

1980 年 3—4 月间，四川的考古学家们在清理完被盗墓贼洗劫一空的墓室后，发现了这个腰坑。当他们揭开覆盖在坑上的三块楠木椁板以后，发现这个坑有 1.81 米长、1.5 米宽、0.98 米深，整个腰坑就像嵌在地下的用木板做成的长方形柜子，拐角处榫接严密，四周还抹了厚厚的青膏泥，既防潮防湿，又密不透风。当时腰坑中蓄满了一坑清水，据考古学家们后来分析，这一坑水可能是当初下葬时就蓄好的，因为通过化验发现，这一坑水中性偏碱，pH 值在 7.1—7.8 之间，水质纯净，很少有其他的杂质，这对青铜器能起到很好的保养作用。透过清澈见底的远古纯净之水，考古学家们看见各种各样的青铜器在坑底闪烁出绿幽幽的蓝光，它们像一群安静的鱼一样，已经在这坑水中待了两三千年。特别是当考古学家把水中的青铜兵器取出来时，刀刃和剑身均放射出夺目的寒光，俨如刚刚被铸造出来一样。

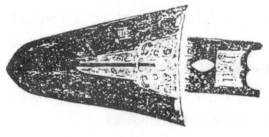

腰坑中出土的铜戈（中号）拓片

腰坑中共出土青铜制品 188 件，分别为敦二件、豆二件、缶二件、盘二件、鉴二件、甑二件、瓿二件、匜二件、勺二件、鼎五件、壶十件、罍五件、三足盘形器五件、豆形器五件、釜五件、鉴五件、匕首五件、编钟五件、剑十件、刀五件、戈三十件、钺十件、矛五件、斧五件、斤五件、曲头斤五件、手锯五件、铜削十五件、铜凿二十件、雕刀五件，此外还出土了圆形的木棒四根，可能是和编钟配套使用的打击式木槌。读者在浏览这些出土的青铜器时，可能已经注意到两个有趣的现象：其一，该墓葬出土的青铜器以兵器和实用性工具为主，不像三星堆祭祀坑是以大型祭祀礼器为主；其二，各类青铜器均以二件、五件或五的倍数为一组出现，这反映出古蜀人对"二"和"五"这两个数字的崇拜，尤其是"五"，它简直像无所不在的魔术师一样频繁地出现在古蜀人生活的各个领域，造成一个"尚五"奇观。

→ 青铜兵器与战争

战国时期，蜀地政治权力的维系方式与中原相仿，也主要通过战争。人们仿佛渡过了蒙昧的对于礼教认同的阶段，充分认识到军队和兵器对于维护国家权力的重要。因此，各地诸侯纷纷把青铜制造的重点转向兵器。著名的曾侯乙墓出土的大量兵器中，几乎每一件兵器上都镌刻着"曾侯乙"的名字。

在开明王朝统治蜀国的时期，开明一世（鳖灵）、二世和三世都曾经骑着战马，手持剑钺，带领自己的军队在蜀国四面八方的边境上冲锋陷阵。他们的目的很明确，即通过强大的军队和锐利的武器不断拓展自己的疆土。事实上，开明王朝的开国元勋们也确实做到了这一点。《华阳国志》记载，开明时期的疆界版图"东接于巴，南接于越，北与秦分，西奄峨蟠"，比杜宇王朝强大了不知多少倍，俨然是中国西南的一个泱泱大国了，这一切都是通过强弓硬弩和锋利的青铜兵器来完成的。到了秦灭蜀国后，开明氏的后裔们还组织过三次大规模的"反秦复蜀"活动，结果只因剑没有人家的利，戈矛没有人家的长，一次次败下阵来。

这一时期的蜀人虽然继续使用鼎、罍等中原式的礼器，但他们已经认识到宗教礼制对生产力的束缚，因此在兵器盛行的同时，也加快发展生产工具。新都蜀王木椁墓出土的手锯、铜凿、雕刀、铜削等生产工具已经完全是现代工具的雏形。比如五件一组的手锯，光滑的铜质锯片长26厘米，宽4厘米，锯齿锋利整齐，薄薄的锯身镶嵌在一块木板的凹槽内，再通过竹篾把锯身上的孔和木板上的孔穿在一起，绑扎牢固。木板的一端有一个把柄，包裹锯身的木板被漆成纯黑色。这样一把约3000年前的锯子，即使今天拿来伐木也不显笨拙，完全能够很快锯断竹木之类的东西。再如用来削东西或雕刻东西的铜削和雕刀，刀背厚实，刀刃锋利，连接刀身的木柄均用绳索绑扎（许多绳索尚完好未断），再涂以黑漆，手感极好。

反观三星堆遗址和金沙遗址出土的青铜器，则明显不具有这种实用性质，它们更多的是代表一种空泛的神权，一种朴实的信仰；它们的价值只体现在虚无缥缈的仪式上，仅仅起到烘托、陪衬、布挂、装点的作用，然而它们又是人们精神的归依和寄托，尽管没有多少实用价值，但人们对它们还是敬若神明。从三星堆遗址的青铜礼器到新都蜀王木椁墓的青铜兵器，这之间的转变，反映出古蜀人价值观念的转变，即由遁世到入世，由保守到开拓，由虚无缥缈的神坛走向简练实用的战争，以积极的态度参与到社会的大变革和大发展之中来。

新都蜀王木椁墓所出青铜兵器主要有戈、剑、钺、矛等五六十件（不包括大量精美实用的刀、削、凿、匕首、斤、斧等生产工具类铜器）。这些青铜兵器制作精良，有锋利的刃和带孔的柄，长短结合，大小结合，构成一组古蜀国青铜冷兵器的完整序列。该木椁墓《发掘报告》称："剑：十件，有中原式和巴蜀式两种。中原式剑五件，长短有序，有格，四件柄上有凸出的二环棱，一件无环。鞘用两木板合成，髹黑漆。这类形制的剑为中原和荆楚地区所常见……巴蜀式剑五件，长短有序，扁茎，无格，身铸虎斑纹。这类剑的剑茎，用两片柄形木板夹紧，并插入铜套内，套外再用细绳缠绕，髹黑漆，甚为别致……戈，三十件……身上均铸有图形符号，可分四式……Ⅰ、Ⅱ式的时代最早，当

在西周时期。Ⅲ式应为Ⅱ式演变而来，故晚于Ⅱ式。Ⅳ式时代最晚，应
在战国。"由此可知，古蜀青铜兵器的使用年代大致从西周时期就开始
了，随着技术的革新和对外交流的增多，又汲取了中原兵器的特点和优
势，从而发展起了古蜀国自己的青铜兵器制造业。到了战国时期，古蜀
国开明王朝虽然拥有辽阔的疆域，但是来自
北方的秦国的威胁依然像紧箍咒一样套在蜀
王的额头上；东边的巴国虽然臣服于蜀，而
且疆域也基本在蜀国的控制之下，但当时巴
与蜀貌合神离，发生冲突也是常有的事；加
之开明王储内部被分封出去的王侯暗中与巴
相勾结，妄图谋反叛乱。因此，开明王朝从
鳖灵打下江山直到开明十二世丢掉江山，一
直处于内忧外患的战争阴影和对外扩张的野
心之中。尤其是秦国和蜀国对于汉中要塞的
争夺，更是一场紧张而持久的拉锯战，双方
囤积重兵，各有攻守。而同一时期的中原也
是硝烟之味甚浓，各路诸侯纷纷扯起大旗圈
占土地，壮大军队，网罗人才。在军营与军
营之间、帐篷与帐篷之间出没着许多足智多
谋的人，他们头戴方巾、身穿布服，搅动着
自己的三寸不烂之舌，以足够的耐心和坚忍
不拔的精神向不同的主子兜售自己的强国计

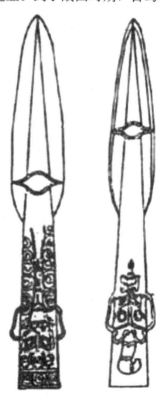

左：饕餮纹铜予

右：牛、鼠纹铜予

谋，试图体现自己的人生价值，同时也让社会认同自己的价值。那是一
个所有人心都蠢蠢欲动的时代，人们的血脉快速地流淌着，征服与被征
服、统治与被统治成为战国时期社会生活的主要现实。

　　因此，战国时期青铜兵器的寒光以一种令人激动的方式闪烁着，它
锐利的光芒掩盖了铜鼎那多少有些笨拙的身影。一个新的时代来临了，
古蜀国开明王朝也来到了它的最末期，秦国的金戈铁马正在中原辽阔的

战场上整装待发。

→ 开明九世至十一世——墓主人身份考

新都战国木椁墓以其宏大的造型（八个边箱、一个棺室、一个腰坑）、珍贵的楠木材料以及大量青铜兵器等的出土，向我们暗示了这座墓葬的规格和档次，初步判定它应当是古蜀开明王朝九世至十一世之间的某一代蜀王墓葬。究其原因，主要有下面几点。

首先从出土器物的年代上来看，腰坑中既出土有殷商至西周时期的"无胡戈"，也出土有四川常见的战国早、中期的"中胡戈"，因此该墓为战国中期木椁墓是没有疑问的。同时，由于腰坑中还出土大量鼎、敦、缶、盘、豆、勺等非兵器类青铜器，它们的形制均为战国早期荆楚地区所流行的形制，因此我们推测此墓的年代不会早于战国。那么，从战国早、中期到秦国灭蜀这中间的 150 年间，蜀地开明王朝正是承袭到最后四代的时期，处于"夕阳无限好，只是近黄昏"的没落关口（也即从第九代至第十二代）。《华阳国志·蜀志》曾经记载说，开明十二世的命运很惨，最终是曝尸荒野，死于非命的。他在秦国大规模吞并蜀国的战争中节节败退，他的军队根本无法和秦军相抗衡，因此秦军从汉中沿"金牛道"穿越秦岭，势如破竹，一路将开明十二世追杀到四川彭山县境内，最后一代蜀王无奈地死于乱军之中。可怜的开明十二世死的时候，也许身上有一百个箭镞射出的窟窿，再加上秦军乱刀齐下，马蹄踩踏，可能早就身首异地，血肉模糊地躺在蜀国士兵中间分辨不出来了。剩下的蜀军残部如惊弓之鸟躲进了盆地周边的山林，既没人敢冒险来为蜀王收尸，也没有人来为开明王的死举行葬礼。在此情况下，新都县出土的豪华型蜀王木椁墓便不可能是开明十二世的墓葬，而只可能是九世至十一世某代蜀王的坟墓。

到了战国晚期，秦国一举灭掉蜀国，但为了安抚蜀人从而更好地加强自己的统治，秦国还分封开明十二世的后裔做过三任蜀地的"蜀侯"，那么新都蜀王木椁墓有没有可能是这三代蜀侯的墓葬呢？我们认为也没有这种可能，因为这三代蜀侯对于亡国之辱一直耿耿于怀，他们怀念自己祖先的业绩、疆土和荣光，妄图用武力恢复蜀国自治的权力，重登那令人羡慕的蜀王之位，而不仅仅是在别人的统辖之下做一般的诸侯。据《华阳国志·蜀志》记载，第一代蜀侯"通国"因谋反之罪被杀。第二代蜀侯"恽"也因闹独立，被秦孝王赐剑自刎，"恽"在尚方宝剑没有运抵蜀地之前，就急急忙忙拉上自己的老婆一同自尽了。第三代蜀侯"绾"刚刚上台没多久，也被秦国怀疑有谋反篡位之心，结果也被"诛"死了。因此，新都木椁墓为春秋时期蜀侯墓葬的可能性也不大。

在开明九世至十一世统治蜀国期间，蜀国的国都已由郫县迁到成都。新都木椁墓显然离成都的距离更近，这是开明九世至十一世就近治坟的结果。换句话说，开明八世以前的蜀王不会把他们的地下寝宫安排在离首都很远的地方，况且他们所处的时代也与新都木椁墓的时代对不上号。

此次发掘，还在木椁里发现两枚蜀王留下的铜印，铜印上面镌刻的图形符号被考古学家们称作"巴蜀图语"。从"图语"的形迹看，它离真正的文字还有一定距离，只介乎"图画"和"文字"之间的过渡地带。这两枚铜印上的图语符号还被铸造在墓室腰坑中出土的大部分青铜器上，可能代表了蜀族中某一氏族的族徽。也许开明九世至十一世在未能继承王位以前，曾经被分封到异地做侯，这种情况在开明统治蜀国期间尤为常见。他们在异地做侯时，必定有自己的土地、世系甚至侯徽，因此在继承王位以后，这种侯徽类的铜印符号被保留下来，并且贯穿他们执政的全过程直至死去。这枚铜印的"图语"上还铸有两只铃铛，这种铃铛在古语中被称作"铎"。按照文献记载，它们的作用是宣布国家政策法令或者大的军事行动等，前者用"木铎"，后者用"金铎"，相当于令牌或者圣旨之类的东西。当然能够用"铎"来治国治军的人物，必定不是一般贵族，而是手中握有大权的一国之君。

尽管新都蜀王木椁墓显示出特异的葬俗（木椁和独木棺再加腰坑）以及高度发达的青铜兵器文化，但它也有不尽完美的地方，比如被盗严重，腰坑中出土的编钟、铜敦、三足盘形器和豆形器均残缺不全等。当初考古学家们从一汪清水中取出这些残缺不全的青铜器时，认为是氧化

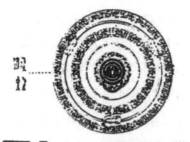

和被水腐蚀的结果，但仔细观察这些残缺处以后才发现，原来不是氧化或破损所致，而是由于铸造时铜液严重不足而残留的缺憾。蜀王去世，宫廷中制造青铜器的工匠们被召集起来，他们的任务是临时为蜀王铸造一批随葬品，先是浇铸了鉴、甑、鼎一类的大型铜器，待到浇铸编钟等稍小一些的器皿时，铜液已显得捉襟见肘了。偌大一个蜀国的青铜都到哪儿去了？连蜀王的随葬品也不能浇铸完全？原来，连绵不断的战事和紧张的国与国

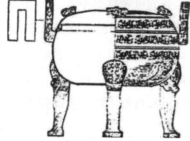

新都战国木椁墓出土的铜鼎

之间的关系，迫使蜀国把大量的青铜用以铸造兵器，因此现在想要铸造一点数量有限的随葬品，也显得资源不足。当然，蜀国宫廷的青铜铸造师们也是毫无办法，只好利用现有的铜液，敷衍了事地浇了那么几件残缺不全的青铜器。

新都战国蜀王木椁墓发现于 1980 年，当时成都平原许多重要的蜀王遗迹尚沉埋土中，许多有关蜀王的印象还是一片模糊和空白，因此该墓对于认识古蜀时期的政治、军事、文化等领域的状况都有重要的参考价值。

一半是历史，一半是神话

——文献中的蜀王传说

    中国远古时期的著名人物，无论是帝王将相，还是各行业的开山鼻祖，都常常被后世描述为人格化的神。比如，曾经射落过九个太阳的后羿、用兵如神的姜子牙，以及不算太古的药王孙思邈、建筑大师鲁班等。这是什么原因？难道远古人类真有如此神奇的"特异功能"？我们说不是的，这只是由于人类对自己祖先的崇拜，以及从内心深处想要战胜自然的主观愿望过于强烈，以致幻化出这样一幅并不真实的图景。翻阅古蜀历史文献，我们同样看到上述情景：蜀王们一个个忽而从这个石窟里诞生，忽而如天女散花般从天而降，忽而又都"仙去"了，有的还变作了悲戚的杜鹃鸟，有的活过几百岁，还有一位蜀王的妻子甚至从井中咕嘟嘟地冒出来……总之，古蜀国早期的历史像是一部热闹的科幻作品，有故意编造的嫌疑。然而另一方面，如果我们用考古材料去印证这些文献，你会发觉这些记载也不全属无稽之谈，有的还相当真实、准确，只不过在此之前我们无法理解古人用"密码"方式记下的历史，只有当考古材料给我们以提示和指引时，这些文献才显示出它们应有的价值。

炎黄子孙

按照文献记载，古蜀人并不是从人类开始之初，就被封闭在西南的茫茫山地和低洼的盆地中，他们不但跟中原有牵连，而且还和华夏的共同祖先——黄帝——沾亲带故。《史记·五帝本纪）记载："黄帝居轩辕之秋，而娶于西陵氏女，是为嫘祖。嫘祖为黄帝正妃，生二子，其后皆有天下。其一曰玄嚣，是为青阳。青阳降居江水。其二曰昌意，降居若水。昌意娶蜀山氏女，曰昌仆，生高阳，高阳有圣德焉。黄帝崩，葬桥山。其孙昌意之子高阳立，是为帝颛顼也。"

以上这段黄帝家族祖孙三代的简约家谱，大意是说：人类始祖黄帝最初一个人孤独地居住在轩辕的一个山丘上，但他后来娶了西陵氏的女子为妻，她就是我们大家所熟悉的嫘祖奶奶。嫘祖年轻时漂亮而有威仪，因此被立为黄帝的正妃；她后来生了两个儿子，两个儿子也挺争气，长大后都被分封出去，拥有自己的疆土。一个儿子名叫玄嚣，别名"青阳公子"，他的疆土被分封在一个叫"江水"的地方。另一个儿子叫昌意，被分封到四川若水（今雅砻江一带）；在若水期间，昌意觉得四川的姑娘真是迷人，于是就娶了蜀山（四川岷山）的一个女子为妻，她名叫昌仆，后来她给昌意生下一个儿子，取名高阳。高阳是龙胎凤种，自然是又聪明又贤德。黄帝驾崩，葬于桥山，他的孙子——也就是出生在四川的昌意之子高阳被册立为王，他就是我们大家爱戴的帝王颛顼。

《史记·五帝本纪）索隐还说："江水、若水皆在蜀。"你看不单是昌意被分封在蜀，而且连玄嚣也被分封在蜀，他两个都是黄帝"正妃"的儿子，按辈分排起来一个是皇太子，一个是二阿哥，都是有可能当"接班人"的角色。黄帝把他这两个儿子分封在蜀，可见在黄帝眼中蜀是一块好地方。如果不是如此，那就不叫分封，而叫"发配"了。按照这一传说，四川上古史是直接与黄帝相联系的，蜀人是黄帝的一脉后代。那么黄帝当时在中国什么地方？据考证黄帝是在黄河流域，他是中国古史中首次统一黄河流域的一位了不起的英雄人物。他死后，又把出生在四川的孙子高阳立为下一届的皇帝——颛顼皇帝，由此可见黄帝本人对四川非常迷恋。而这个颛顼皇帝的母亲昌仆皇太后又是一位纯粹的四川姑娘，于是连统治中原的颛顼皇帝身上也有一半古蜀血统。

若干年后，颛顼驾崩，虽然他的生命已经像草木一样枯萎了，但他还是很想念出生地四川，于是又变成一条鱼游到四川，并且托生为鱼凫，又当起了蜀国的皇帝——这段故事见于《山海经·大荒西经》。原文说："有鱼偏枯，名曰鱼妇（凫）。颛顼死即复苏。风道北来，天乃大水泉，蛇乃化为鱼，是为鱼妇。颛顼即复苏。"作者反复强调了两次，说鱼妇（凫）降生就是颛顼死而复苏变来的，这显得很重要吗？其他的什么风从北边吹来，天上降下如泉的大雨，以及蛇化为鱼凫，鱼变成鱼凫好像一点也不重要似的。而且这段故事不单记载在《山海经》上，还被写入《吕氏春秋》《大戴礼记》《史记》等正史中，可见颛顼皇帝真的是"梦回故乡"了。

另一位跟四川古史联系紧密的人物，也是一位重量级人物，他就是著名的"大禹"。大禹治水的故事家喻户晓，但他跟四川的血缘关系有多么紧密却是很少有人知道的。史籍记载中的大禹是出生在四川，娶妻在四川，治水也在四川。这其中原委《蜀王本纪》《吴越春秋》有记载。说禹"生于石纽"，石纽即今川西北岷江上游的汶川县境内。《水经·沫水注》甚至称："县有石纽乡，禹所生也。"禹长大后娶了一个贫

汉·扬雄《蜀王本纪》关于古蜀国的记载

民家的妻子做老婆，我们不知这位贤惠的妇女叫什么名字，只知道她是"涂山"人。历史学家有过考证，涂山也是四川境内的一个古地名。大禹治水主要是在岷山上开了一条向东的"沱"河，从此川西北地区再无水患，而且农业发展，道路开辟。大禹是个忧国忧民的人，《华阳国志》记载他于"辛壬癸甲"离家治水，他的妻子住在道路边一个破败的草屋里。大禹刚走不久，她就生下一个儿子，取名"启"。大禹"八年于外，三过其门而不入"（《孟子·滕文公上》）。他这么劳累奔波，风里来雨里去的，到底为了什么？还不是为了川西平原百姓的安康和幸福啊。

一个名叫蚕丛的酋长

古蜀的历史从哪里开始，我们说应当从一个名叫"蚕丛"的酋长开始。

《蜀王本纪》载："蜀之先王名蚕丛，后代曰柏灌，又次者曰鱼凫。"《华阳国志·蜀志》也说："（帝颛顼）封其支庶于蜀，世为侯伯，历夏、商、周……周失纲纪，蜀先称王，有蜀侯蚕丛，其目纵，始称王……次王曰柏灌，次王曰鱼凫。"上述两本史籍间有一点是共通的，那就是蚕丛、柏灌、鱼凫三代为王，开创了古蜀国最初的历史。但有一点值得注意，《华阳国志·蜀志》所记载的颛顼皇帝并不像《山海经》《吕氏春秋》《大戴礼记》《史记》所载的那样，死后变成鱼凫，而是将他的儿孙们分封到了蜀地做侯，就像当年他的爷爷分封他的父亲和叔叔一样，并且"世为侯伯"，经历过夏商周三代。到周朝时，朝纲大乱，周王荒淫，于是颛顼的儿孙们首先在蜀地举起反叛大旗，自立为王，不再听从周朝的指挥。这个首先称王的人就叫"蚕丛"，他无疑也是颛顼的后代，具有英雄人物的铮铮铁骨。《华阳国志》此说让人兴奋，因为该部史书的作者笔端不经意地流露出了一个真正的历史学家所需的素质，那就是客观、真实、不迷信。然而他的观点也明显受到《史记·五帝本纪》关于"黄帝封昌意、玄嚣于蜀"的影响，从而显得盲从和不够理性，而且按照其他文献和所有的考古材料分析，蚕丛、柏灌、鱼凫并不是中原王朝分封在蜀的侯伯，而是四川周边"土产"的新兴势力。所以只依赖文献做出判断的麻烦就暴露出来了，它不像考古学材料那么具有"技术性、科学性、可视性"。文献本是一种言论，不同的版本间容易造成相互矛盾或歧义。

那么，蚕丛到底是成都平原的人还是盆地周边的人呢？他是从蜀地百姓中成长起来的，还是从其他地方迁徙入蜀并最终取得统治地位的呢？据章樵注《蜀都赋》引《蜀王本纪》说："蚕丛始居岷山石室中。"按史家考证，这个蚕丛氏部落是氐族的一支，他们世代居住在岷山一带。由于山高路险，当然不能像平原那样建起"木骨泥墙"，因此就因地制宜，在山崖上凿起窑洞似的"石室"用以居住。这是一个善于养蚕的部族，他们的长相和穿着很奇特，"是时人萌，椎髻左衽，其目纵，不晓文字，未有礼乐"。也就是说，他们的眼睛像螃蟹一样向前突起，头发在脑后梳成"椎髻"，衣服的样式左边是斜着分了叉的。蚕丛氏为了寻找一块更好的地方安居乐业，发展养蚕事业，率领他的部族从岷山向成都平原迁徙，到了广汉三星堆一带。可能当时三星堆一带已有部落聚居，但势力都不够强大，很快就被蚕丛氏吞并和同化了。这一次迁徙在沿途留下了许多古地名，从中可以看清当时蚕丛从岷江向南迁入成都平原的线路，如《蜀中名胜记》就先后记载有蚕崖关、蚕崖石、蚕崖市等。

从今天的考古材料看，三星堆的确出土了不少与蚕丛氏相貌一致的器物，如人像面具中的纵目式面具和椎髻左衽服饰等，这是否就是蚕丛部族留下的生活遗迹呢？广汉三星堆一带建城很早，而且曾经发生过多次部族间的争斗，这其间是否有蚕丛取代其他部族或鱼凫、柏灌取代蚕丛的可能呢？明曹学佺《蜀中广记》引《仙传拾遗》记载的一则故事，就说到当时三星堆一带部族间的争斗情况："蚕女者，当高辛氏之世，蜀地未立君长，各所统摄，其人聚族而居，遂相浸噬。广汉之墟，有人为邻土掠去已逾年，惟所乘之马犹在。其女思父，语焉：'若得父归，吾将嫁汝'。马遂迎父归。乃父不欲践言，马跄嘶不龁，父杀之，曝皮于庖中。女行过其侧，马皮蹶然而起，卷女飞去。旬日见皮栖于桑树之上，女化为蚕，食桑叶，吐丝成茧。"

故事大意说：有个叫蚕女的贤淑女子，生活在"高辛氏"年代，当时蜀地没有蜀王，都是些零零星星的小部落，人民也在这些部落首领的统摄下各自过着聚族而居的生活，这样的生活状态难免会引起部落与部落之间的吞并和战争。有一次，广汉城墟被相邻的部落烧杀劫掠，蚕女的父亲也被抓去做了人质，家中只剩下一匹父亲平时乘坐的老马。蚕女非常思念父亲，于是就对马说：马啊，如果你去把我父亲救回来，我就嫁给你做老婆。这马听了蚕女的话，便跑去把主人驮了回来。但是这个被救的父亲一听说要把女儿嫁给马做老婆，就不干。马当然很生气，又是跳又是嘶鸣。蚕女的父亲一气之下把马杀了，剥下的皮和肉都晾在厨房中。这天蚕女从厨房中经过，那张马皮突然跳起来，一阵风似的把蚕女卷走了。过了十几天，人们看见马皮落在对面的桑树上，蚕女变成了一条蚕，正在一边吃桑叶，一边吐丝把自己裹成茧。这则故事虽类似神话，但它记录了古蜀时期"广汉之墟"各部落间的矛盾关系，故显得十分珍贵。

蚕丛在蜀地三星堆一带做了多少年的部落"酋长"？《蜀王本纪》记载说："蜀王之先名蚕丛，后代曰柏灌，后者名鱼凫。此三代各数百岁，皆神化不死，其民亦颇随王化去。"可见蚕丛氏在蜀统治的时间有"数百岁"。当然这不可能是指蚕丛氏本人做了几百年的部族首领，而是以蚕丛为名号的时代持续过几百年。蚕丛死后，《华阳国志》记载说："死，作石棺石椁，国人从之，故俗以石棺椁为纵目人冢也。"看来这个蚕丛也是故乡观念浓厚，人都死了，还念念不忘当年居住在石室中的那份感觉，因而把棺材和墓坑都做成石头的，以后人们看见类似的坟墓都会说：嘿，你看这就是那些"纵目人"的坟。

蚕丛氏在蜀为王的年代，据考古学家推测，应在夏代。因为三星堆遗址城墙筑于商代早期，是鱼凫王统一蜀国后才修建的；而蚕丛又比鱼凫早两个"数百岁"，所以其年代应与夏代相当。当时蚕丛虽然"始称王"，但明显还不具备国家君主的性质，可能仅是以血缘为纽带的部落集团酋长，正处于原始社会末叶军事民主主义的晚期，奴隶制的曙光正在慢慢到来。

"人面鱼身"的柏灌、鱼凫

按照史籍记载，我们知道蚕丛、柏灌、鱼凫为蜀国早期三代"王"，它们之间的关系一脉相承，而且彼此间权力平稳过渡，并没通过大的武力斗争。其实仔细研究史籍中的"春秋笔法"，我们发现这种祥和气氛只是史家故意施放的烟幕弹，早期三代蜀王间的权力更替实际是通过武力来完成的。"此三代各数百岁。皆神化不死，其民亦颇随王化去。"换句话说，蚕丛、柏灌、鱼凫变作一股浓烟消失之后，他们的人民也随之化去了。化作什么？自然是死的死，逃的逃，逃得慢的只好甘做俘虏罢。在人类早期社会以及后来的历史中，"胜者为王、败者为寇"无疑是铁定的历史规律。

《史记·三代世表》正义引《谱纪》说："周衰，先称王者，蚕丛国破，子孙居姚、嶲等处。"也就是说周朝末年，蚕丛国也被其余的部族击破，他的子孙们只好流落到姚、嶲等处居住，真可谓是树倒猢狲散了。"姚"为今云南姚安，"嶲"为今四川西昌一带，可见其整个部落已被后来称王者驱逐出境。那么有一部分留下来的人会受到何种"礼遇"呢？请看三星堆出土的一件奴隶石雕像，该像发式为高髻，下身穿犊鼻裤，一端系于腰前，另一端反系于背后腰带下，双膝下跪，龇牙咧嘴，样子很惨。所谓"仙去"，就是这么仙去的。

柏灌是蜀王中的第二代，我们只知道他的名字，不知道他的族属、长相、来历和其他相关史迹，因为史籍好像对他根本不感兴趣，所以只字未提，想其原因可能是柏灌平庸，不值一记吧。关于这一时期的历史，正如李白《蜀道难》中所感叹的："蚕丛及鱼凫，开国何茫然！"李白是个见多识广的行吟诗人、天才诗人，一生足迹遍布祖国大好河山，连他都对古蜀开国史摇头叹息，可见要理清这一段时间的史实是多么艰难!

  鱼凫的史料相对要多一些，但也只是些只言片语。他是初期三代蜀王中的最后一位，也是最先统一蜀国的人，所以在传说和考古材料中都能见到他的影子。他的活动区域就在今天成都平原的腹心地带。宋孙寿《观古鱼凫诗》及《温江县志》都说温江县城北 15 里有"古鱼凫城"，而且从近年对该遗址的调查和考古发掘看，也证实它的确是早期蜀人的一个中心聚落。

  如果要从三星堆遗址探求鱼凫王的踪影和形象，那么我们也能看见许多残留的蛛丝马迹。比如三星堆文化二至四期，曾出土大量的鸟头勺柄（舀酒的长把勺子）。这种勺的造型是"长喙带钩"，和鱼鹰的头颈极其相似；一号祭祀坑所出金杖，上面的图纹有人头鸟鱼，鸟的形象也是水鸟；金沙遗址出土的金带，上面也雕刻有一鱼身鸟头像。

  文献中的鱼凫也是氏族的一支，最初生活在岷江上游一带，他所在的部族实际和蚕丛是一支，只不过后来有两种可能取代了柏灌和蚕丛的统治。一种可能是鱼凫看到蚕丛移居成都平原后，人丁兴旺，国力壮大，也效仿他带着自己的部落从岷江杀向成都平原，并进而通过战争取代了蚕丛、柏灌；另一种可能是鱼凫本为蚕丛、柏灌部族的臣子，后来通过宫廷政变或兵变取代了前者的地位。鱼凫好像不擅长养蚕，他对渔猎倒是一把好手。《山海经·海内南经》记载："氐人国在建木西，其为人，人面而鱼身，无足。"《山海经·大荒西经》则说鱼凫是黄帝的孙子颛顼托生为鱼，是为鱼凫。这两种记载无非告诉我们这样一个史实：古蜀地养蚕时代已经过去，渔猎时代正在到来。

  一个新兴的渔猎部族进入平原，融合并取代了蚕丛、柏灌，是为夏商之际蜀国早期。

桀伐岷山

我们在前几章有关三星堆青铜文明来源中，已经说过"桀伐岷山"这一史实。当时的原因是有缗氏从泰山偷了夏王室的祭祀礼器逃到岷山，桀很愤怒，便派了一个叫"扁"的将领前来讨伐。但桀为什么要千里迢迢不惜人力、财力讨伐岷山？难道两者间真有不共戴天的仇恨？有关这点，所有的文献记载通通都"语焉不详"，我们只能根据文献透露的少量信息进行推论。《华阳国志·蜀志》载："（帝颛顼）封其支庶于蜀，世为侯伯，历夏商周……周失纲纪，蜀先称王，有蜀侯蚕丛，其目纵，始称王。"作为夏王室在四川的分封之侯，蚕丛敢于反叛"中央政府"，那么它的被讨伐就在情理之中。于是夏王桀带领大军翻越崇山峻岭前来讨伐，势必要把这个反臣贼子消灭掉。

结果桀把蚕丛灭了没有呢？没有，非但没有，还中了蜀王设下的美人计，最终无功而返。古本《竹书纪年》这样记载这段史实："后桀伐岷山，岷山女桀二人，曰琬，曰琰。桀受二女，无子，刻其名于苕华之玉，苕是琬，华是琰。"当时夏王桀率领大军气势汹汹地开到了岷山，蜀王很害怕，急忙召集底下的人商量，献两个绝世美女给桀。几天以后，两个绝世美女被送到桀的军营里，桀一下子就被迷住了，一天到晚就在军营里鬼混。其他的将领和士兵见皇上都在享乐，他们还有什么心思冲锋陷阵？斗志一时都瓦解了。桀每天和两个美女玩乐还嫌不够，又请来一个雕刻玉石的专家，选了两块上等的好玉，一块叫苕，一块叫华，然后把这两个美女的名字雕刻上去日日赏玩。一个叫琬儿的美女名字被雕刻在"苕"玉之上，另一个叫琰儿的美女名字被雕刻在"华"玉上。又过了几天，桀忽然传下一道旨意：咱们不讨伐岷山了，还是班师回朝吧！

于是，一场一触即发的战事就在红粉女色的诱导下冰消瓦解了。后人对桀爱上岷山美女多有微词，屈原《天问》问得好："桀伐蒙（岷）山，何所得焉？"他讨伐岷山得到了什么吗？没有，他什么也没有得到！

《韩非子·难四》则以挖苦的口吻说："是以桀索岷山之女。"原来还不是蜀王献美，而是桀厚颜无耻地伸手向人家要啊！也有一种可能，桀伐岷山的真实目的根本就不是想讨伐蜀王蚕丛，而是对岷山的美女垂涎已久。历代荒淫无道的皇帝为美女失国的例子很多，所以啊，桀伐岷山最终带回琬儿、琰儿两个美女，也不足为怪了。

从天而降的蜀王杜宇

鱼凫氏在成都平原的势力虽然比柏灌、蚕丛时期要强大得多，但还不够鼎盛，只是到了杜宇取代鱼凫时，蜀的国力和疆域范围才开始大规模地拓展，从而开创出一个更大规模的蜀王国。

杜宇是如何取代鱼凫的？有关这点，史籍上没有明确记载，只含含糊糊地说："（鱼凫）王猎于湔山，便仙去。"（《蜀王本纪》）湔山在今四川都江堰市境内。有一天，鱼凫带着随从们在此打猎，忽然间就丢下他的社稷江山和人民，化作一股青烟上天去了，所谓"撒手人寰"是也。我们知道，历来的史家爱用"天子狩于某""王者狩于某"的笔法来为王者讳，因为王者们当时"于某地"做的事可能不够光彩或不宜记入历史，所以就用一个模糊的"狩"字来代替。其实，这段史实是告诉我们，鱼凫在湔山这个地方打了败仗，人们从此再没看见过他本人。他有可能是逃走了，也可能是战死在荒野沙场，就像项羽于江上自刎一样，都是不得已的最后的痛苦纪录，而他的臣民自然跟着他"随王化去"，一个时代又被另一个时代所取代。

杜宇是何方神圣，能有此力量击败在成都平原活动那么多年并留下许多胜迹的鱼凫王？《蜀王本纪》叙说道："后有一男子名曰杜宇，从天堕，止朱提。有一女子名利，从江源井中出，为宇妻。乃自立为蜀王，号曰望帝。"《水经注》引《本蜀论》也说："望帝者，杜宇也，从天下。女子朱利自江源出，为宇妻，遂王于蜀，号曰望帝。"

这段史实如果翻译成白话就是：后来有一个男子名叫杜宇，从天上飘飘忽忽地掉下来，掉到了一个叫"朱提"的地方（今云南昭通）。又有一个女子名叫"利",也从江源(今四川崇州市)的井中冒了出来。于是,这一男一女走到一起就成了夫妻。杜宇因是从天上下来的"轮转王"(佛教用语),便自立为蜀王,号望帝。望是希望的望,也就是说他对国家的前途充满信心和希望。

这里,史家把一切都事先安排好了:先是鱼凫猎于湔山,忽然便仙去了。俗语曰:军不可一日无帅,国不可一日无君。那么鱼凫王走后留下的空白该由

望帝陵

谁来填补呢?你看天上不是掉下一个人来了么?但这个人还没有老婆啊,于是"有一女子名利,从江源井中出,为宇妻"。这就是早期的历史学家们编撰历史的方法,虽然前言不搭后语,但总算还是编"圆"了。杜宇取代鱼凫后,定都"汶山下,邑曰郫(今成都郫都区)",或"治瞿上(今四川双流县境内),为别都"。(《蜀王本纪》)。这个杜宇果然要比鱼凫更有政治家的气派,他首先把国都定在郫县,但为了同时威慑和管理好其余地区,又定了一个别都在双流。他自己本人呢,可能有时在郫县办公,有时又在双流办公。史籍记载他"教民务农",因此他还要常常奔波在成都平原广袤的田野里,手把手地教民众耕地、播种和收获。

看来杜宇是一个非常务实的农业方面的专家,以至于他死后还心怀农业,每年到了农历三月都要变作一只杜鹃鸟,飞到平原上用叫声催促

人们不要忘了农时赶快播种。杜宇的形象深深地感动了当时的人民，甚至连鱼凫王朝时期不肯受降的人也纷纷从别的地方钻了出来，即所谓"化民复出"，愿意跟着杜宇重建家园、恢复农业生产，有信心过上好日子。是时为周朝初年，商代已被历史的车轮甩在了身后。

随着政权的更迭，考古发掘中常见的实物也发生了相应变化，鱼凫时期标志性的器物——大型青铜礼器、玉器以及陶器中的鱼鸟图纹——都已黯淡沉落，代之而起的是一种踏实平稳的作风，器物中出现列罍之制。这时的蜀王已不是当年的酋长了，他已显现出一代君王的杰出风范。更为重要的是，杜宇的自我感觉非常良好，《华阳国志·蜀志》称他为"一号杜主"，明明就是君王的代指。同时他也很看不起以前的鱼凫、柏灌和蚕丛，认为他们毫无政治家的远见卓识。《华阳国志》记载说："（杜宇）自以功德高诸王，乃以褒斜为前门，熊耳、灵关为后户，玉垒、峨眉为城郭，江、潜、绵、洛为池泽，以汶山为畜牧，南中为园苑。"

既然杜宇看不起以前几代蜀王，那么他就要做出一番惊天动地的事业来让他的人民看看，于是一个拓展疆土的计划被列了出来，并且很快变为现实。蜀国的疆域这时已经北达汉中，南抵今青神县，西至今芦山、天全一带，向东则直抵嘉陵江，并且还把汶山建成巨大的畜牧场，把今凉山州、宜宾以及云南、贵州一带变成他的皇家花园。这的确是一种气吞山河的帝王气派，绝非鱼凫、柏灌、蚕丛等蜀之先王可以比拟。

除此之外，杜宇在外交上也很有建树，已经和当时中原的周王室有了许多往来。比如《逸周书·王会篇》记载："成周之会……蜀人以文翰。文翰者，若皋鸡。"孔晁又注释说："鸟有文彩者。皋鸡似凫。"也就是说，有一次周王在洛阳召开诸侯大会，各路诸侯们都把本地珍玩拿去进献。杜宇为了和周王室结盟修好，便叫使臣们把鱼凫生前用过的各种凫形铜器珍玩带去进献，杜宇此举可谓"借花献佛"。这一方面表明他杜宇在蜀地已是最终的胜利者（打败了鱼凫），另一方面周王室的势力在当时可谓鼎盛，他杜宇可不想重蹈"桀伐岷山"的覆辙。综合各方面情况来看，杜宇是一个重义气讲交情的人。比如《史记》卷40《楚世家》就记载说，到周夷王执政时，周朝国力已有所下降，许多诸侯"或不朝，相伐"。诸侯们见周朝的国力下降了，就朝都不相朝，相反还要派兵互相攻打。在此情况下，杜宇还是每年都派使臣带东西去见夷王。在他看来，一个人得讲情义，得为他的人民作表率。所以他不仅定期派人去，并且带的东西比以往更丰厚。古本《竹书纪年》记载说："夷王二年，蜀人、吕人来献琼玉，宾于河，用介圭。"此时蜀王朝周，礼仪隆重，为当时所罕见，说明蜀王和周室已经建立了深厚的感情。

从杜宇的办事原则和政治上的杰出表现来看，他更像是一个来自中原的华夏之人。然而事实上，他的原籍在云南昭通，而他本人也属于当地濮人。杜宇进入蜀地后又与江源地区的蜀人进行政治联姻，娶了那里的一个名叫"利"的女子，从此一步一步站稳脚跟，并最终推翻了鱼凫王朝，成为新一代蜀国的统治者。

治水专家鳖灵

尽管蜀王杜宇在政治上表现出多方面的才能，又是一个善于耕作的农业专家，又十分看重礼义仁爱，但他身上还是有一个明显的缺点：那就是作为出生于云南昭通的濮人后代，他对成都平原的水系缺乏应有的了解，而且在治理洪涝方面没有行之有效的措施，因此在他施政百年以后，政局发生了动荡。

《蜀王本纪》在记载这段史实时，已不像前期那般闪烁其词和敷衍了事，而是很明确地说："望帝积百余岁，荆有一人名鳖灵，其尸亡去，荆人求之不得。鳖灵尸随江水上至郫，遂活，与望帝相见。望帝以鳖灵为相。时玉山出水，如尧之洪水，望帝不能治。使鳖灵决玉山，民得安处。鳖灵治水去后，望帝与其妻通，惭愧，自以德薄不如鳖灵，乃委国授之而去。如尧之禅舜。鳖灵即位，号曰开明。"

到杜宇执政百余年之后，荆楚之地有一个叫鳖灵的人，死后突然尸体不见了，当地人四处搜寻也找不到。原来鳖灵的尸体逆流而上到了蜀国，并且死而复苏，还从岸边爬起来走到蜀王府，要求会见杜宇。杜宇听说有一个荆楚之地的人要来见他，心生奇怪，就接见了这个名叫鳖灵的人。从以后的史实中我们知道，这次接见给了蜀王杜宇很好的印象，可谓"相见甚欢"，因为鳖灵的言谈举止、个人修养以及所提出的治国方略都使杜宇深深佩服。在杜宇心目中，鳖灵无疑是个济世经邦的大才，于是任命他做了蜀国的宰相。刚好这一时期四川西北高原的岷江因为夏季洪水造成江河决堤、山洪暴发，汹涌的洪水顺着山势冲入平原，毁了许多良田村庄和城郭。于是杜宇就让鳖灵前去治水。从后来的效果看，鳖灵在治水方面确实有过人的才能，他不是采用堵塞或挖山补堤的笨办法，而是采用疏导的办法，说明他深谙水性。想当年，大舜在此治水时，也是采用了"别江为沱"的办法驯服了洪水。

鳖灵带着蜀国的大批民工日日夜夜奋战在川西北的河谷山地中，十分艰苦。此时此刻，安处在国都郫县或别都双流的蜀王杜宇又在干什么呢？据史籍记载，杜宇这时候正在享受舒适的宫廷生活。他见鳖灵的妻子长得年轻漂亮，而鳖灵又外出治水一时半会儿肯定是回不来的，于是就把鳖灵的妻子召入宫中。这一相见真如干柴烈火，两个人就通了奸。但杜宇毕竟是以仁和德享有盛名的蜀国国君，事情过后他才觉得自己犯下了大错，人家的丈夫正在遥远的山地为民抗洪，而自己却乘人之危霸占其妻，这是什么行为？杜宇感到很惭愧，尤其是当他把自己和鳖灵作比较时，更感到自己德薄如纸，于是在一个夜深人静的晚上，杜宇丢下他的国家逃走了。鳖灵治水回来，受到全蜀人民的拥戴，于是便即了杜宇的位，成了蜀国第五代国君，号为开明。

这段史实有一个值得注意的地方，那就是《蜀王本纪》的作者两次提到了"尧"。第一次是说当时的洪水"如尧之洪水"，第二次是说杜宇让位于鳖灵"如尧之禅舜"。看来作者在写作这部书时，头脑中并没打破中原历史的条条框框，而是硬把蜀国的历史往中原历史上套。另一种可能则是作者在为传主避讳，有不能说、不可说或者见不得人的隐衷，所以才编造出这么一个故事，让杜宇和鳖灵双方都不吃亏。其实，这样的史实连三岁小儿也难以哄骗，杜宇、开明之际，蜀国早已是实行"父传子、家天下"的君主世袭制度了。在这种社会形态之下，王权岂有禅让之理？而且《蜀王本纪》明明说："望帝积百余岁"，肯定至少已经传过一至二代了。《古文苑》章樵注引《蜀记》说得更加清楚："自望帝以来，传授始密。""传授始密"是什么意思，就是王位只传给自己的儿子，而不传给外人。

由此可见，杜宇禅位于鳖灵这一史实的背后，一定潜藏着一场惊心动魄的政治斗争。

杜宇化鹃——一场典型的宫廷政变

《蜀王本纪》又说："望帝去时子规鸣，故蜀人悲子规鸣而思望帝。"《太平寰宇记》也说："望帝自逃之后，欲复位不得，死化为鹃。每春月间，尽夜悲鸣。蜀人闻之曰：我望帝魂也。"从这两则记载我们已经看出，如果杜宇是心甘情愿地禅位于鳖灵，那么他的高风亮节必然使他归隐山林，即便不是告老还乡，但至少应该是心平气和的，何必变成一只杜鹃鸟飞来飞去地悲鸣呢？禅让是一种心境，而不是一种姿态。

我们认为，上述那则"禅让"故事，其实已经把这场宫廷政变的全貌告诉我们了。当初鳖灵从荆楚跑来见杜宇时，其目的并非只是做宰相、治治洪水，他是有不可告人的政治图谋的。他至少是看出了杜宇面对洪水时的手足无措和焦头烂额，看出了古蜀国人民对治洪英雄的翘首期盼。据有些学者考证，鳖灵是来自于鳖水流域的一个"群巫之长"，当时他既是开明氏族的家族领袖，又是一个"道法"很高的巫，因此十分工于谋略和心计。他假装死掉，而他家乡的人又找不到他的尸体，说明他的计划已开始实施。后来他从蜀国的一条河流上岸，见到了蜀王杜宇，并通过如簧巧舌博得杜宇信任。这一系列的行动都是为了达到一个目的，即谋取蜀国王位。

机会终于来了。这一年夏天，岷江上游洪水决堤——这是一次世所罕见的大洪水，简直如"尧之洪水"，惊涛巨浪沿着山势涌入成都平原。蜀王杜宇面对如此大的洪水却没有半点主意。他只好叫来宰相鳖灵，把

治水的艰巨任务交给这个自称是"治洪专家"的人。鳖灵很爽快地答应了，一面招募民工，一面制定治洪计划。出发前的一天晚上，天上下着瓢泼大雨，鳖灵和他的妻子坐在宰相府的一张八仙桌前彻夜长谈。鳖灵说："我的计划以前也曾告诉过你，这次蜀王派我到玉山去治理洪水，是一个千载难逢的机会。现在我交给你一个任务，在我走后，你务必要想方设法靠近蜀王，并最终让他拜倒在你的石榴裙下。等我把洪水治理好了，全国人民都会把注意的目光从蜀王那儿转移到我的身上。加之你再把蜀王和你有染的消息公布出去，里应外合，那杜宇即使有天大的本事，恐怕也要失去民心。到那时，不用我轰他，他自己也得乖乖地滚蛋，这蜀国肥美的土地、宽阔的疆域、勤劳的人民还不都在你我的控制之下了？""我也从相府夫人，摇身一变成了万民爱戴的皇后？"鳖灵的妻子眉毛一挑说道。透过桌上荧荧的油灯，我们可以看清她脸的轮廓，她的确是一个倾城倾国的大美人，但这种美的背后蕴含了一股肃杀之气，显得更加妖艳和阴森。

鳖灵外出治水以后，他的老婆——那个既工于心计又妖艳无比的女人——开始想办法接近杜宇。因为鳖灵是杜宇身边的宰相，而且现在又肩负着如此重任，杜宇对鳖灵的家人表示一点慰问和关怀也是应该的。所以，鳖灵的妻子要接近杜宇应该不是难事。等两个人面对面坐下来以后，鳖灵的妻子便开始施展各种计谋让杜宇像当初她丈夫一样，对她着了迷。

鳖灵治好了洪水班师回朝，一国的人民都在路的两边欢迎他。此时他的脸上露出的笑容依然是谦虚的、仁慈的、平易近人的，但他内心深处清楚，他的计划已经快大功告成了。在宰相府外面的大街上，鳖灵的妻子正在哭哭啼啼地向人们讲述蜀王杜宇是如何趁自己丈夫不在而霸占了自己的故事。这些过路的人一听，哦，原来杜宇是这么坏，我们平时见他出来主持农耕和祭祀，都人模狗样的，没想到他居然这样！小人小人！杜宇在宫中已经得知了人民欢迎鳖灵回朝的热烈场面，也清楚那个妖艳的女人正在像一只蜜蜂一样传播着他和她私通的消息。他在宫殿里焦躁不安地踱来踱去，像一只热锅上的蚂蚁。

当然，我们不知道这次政变的具体细节，但按常理推测，蜀王杜宇一定进行过顽强的抵抗，他不愿意看到这一百多年来辛辛苦苦积下的基业就这样付诸东流。但为时晚矣，论政绩，他不如鳖灵，因为鳖灵解决了自古以来困扰成都平原生存的最大问题——洪水；论品德，他更是无耻小人，居然趁人家的丈夫不在诱奸了人家的妻子，而且更十恶不赦的是，这个女人不是别人，正是人们心目中的治水大英雄鳖灵的妻子啊。政绩和品德，这是人们衡量一个政治家是好是坏的基本标准。现在，杜宇在这两条标准中一条都不占，因此失去民心之后的大溃败是不可避免的了。

《华阳国志·蜀志》总结说，杜宇去后，"升西山隐焉"。亡国之君杜宇在一场精心设计的宫廷政变中处于下风，最终败北，逃到岷山深处的山林中躲藏起来了。也许藏在山洞中的杜宇还记得，他（或者他的父亲、爷爷）当年取代鱼凫王朝时，是通过了惨烈的战争并付出过极大的代价，但现在鳖灵仅仅用了一个小小的美人计就把杜宇王朝瓦解了，他的心怎么能安静下来？这口气怎能咽得下去？《太平寰宇记》说他"欲复位不得，死化为鹃"，应是历史的真实写照。他也许还组织过几次小规模的反击，但大势已去，谁听他的？因此，杜宇之死应是含恨而死。

虽然杜宇已经不再是蜀国的统治者，但善良的人民还会时不时想起他以前的好处。每年春天，当看见杜鹃鸟从山上飞到平原上不停地啼叫时，老百姓会说：嘿，你们看！望帝又变成鸟儿飞回来了，还不停地叫着催促我们不要忘了农耕的季节呢！多好的蜀王啊！所以说，只有人民才是最伟大的，他们的善良往往使他们很轻易地原谅了统治者的暴虐。

开明十二氏

鳖灵取代杜宇成为新的蜀王后，定都广都樊乡（今四川双流县境）。但也有史籍记载说："开明子孙八代都郫。"（《路史》）鳖灵一直在樊乡料理国政，到开明五氏时，国都才正式由樊乡迁往成都。

鳖灵号开明，又号丛帝，到如今郫都区内还有蜀人为纪念杜宇和鳖灵修建的祠堂，名曰"望丛祠"。可见，杜宇、鳖灵在蜀人心目中已经有很明确的君王地位。现在看来，鳖灵是比杜宇更富于心计的政治家。他刚一上台，就把精力从宫廷斗争转移到疆土的开拓上，带领他的儿子和士兵南征北伐，东攻西讨，很快开辟出了一个比杜宇时代更为辽阔的疆域。至战国时代，蜀国已是雄踞西南的一个幅员辽阔的强大国家。《华阳国志》总括它的疆域时说："东接于巴，南接于越，北与秦分，西奄峨嶓。"巴、越、秦我们都知道，峨嶓是指哪里呢？即指今雅安芦山一带。上述各地至今有不少开明时鳖灵率军作战和登临的遗迹，如东北面的阆中市有一山名灵山，山上峰多树杂，本不是什么风景优美的地方，但只因当时鳖灵皇帝曾经在征战之余登上此山赏景，所以后人就叫它灵山；西边的雅安芦山一带，还有鳖灵的孙子"保子帝"率军打仗的营地旧址。这都说明鳖灵当时拓展国家疆土时，南征北战，亲自到前线指挥过不少战斗。

中国历史上的开国之君，往往都有着强健的体魄和坚强的意志力，只是由于后人躺在这些先祖们的荣光里日渐麻醉懒散，才最终使得朝政荒废、国破家亡。汉朝的刘邦、唐朝的李世民、元朝的成吉思汗、明代的朱元璋、清代的康熙等一个个都是文韬武略十分了得的人物。鳖灵和他的儿子们也不例外，这是一个强悍血性的家族，他们不仅有着雄心壮志，而且能够身先士卒地去实施和完成他们的强国计划。据《华阳国志·蜀志》记载：有一回，鳖灵的儿子卢帝率领蜀国大军向北攻打秦国，他当然不是想把强大的秦国灭掉，而只是想把自己的疆域开拓得更宽阔一些。卢帝率军攻到汉中褒城时，军中快马来报：陛下，皇后娘娘快要生了，叫你即刻回蜀。卢帝一听，把手一摆：她生就生嘛，等我把汉中全境攻下再回蜀见她。来人继续说：如果陛下不回去，皇后娘娘说了，请你给孩子取个名字，我好回去交差。卢帝想到自己刚刚攻下汉中褒城，皇后又要生了，这真是双喜临门，于是就告诉来使，既然皇后娘娘是这么吩咐的，那就取名叫"褒"帝吧。果然后来皇后生了个儿子，就取名"保（褒）子帝"。从这段史实可以看出，鳖灵的儿孙们还保持着父亲鳖灵的勃勃雄心。鳖灵外出治水一去几年，甘愿把妻子让给杜宇以达到自己的政治图谋；他的儿子卢帝也一样，自己第一个儿子出生时也不在身边，而是远在军营中。由于有了这种紧迫感和雄心壮志，开明王朝最终成了完全"据有巴蜀之地"（《蜀王本纪》）的泱泱大国。

开明王朝承袭了十二代，最后才为秦国所灭。被载入过史册的鳖灵后代，有开明二世、三世、五世、九世、十二世，可见当时开明王朝实行的是子袭父职的世袭制。同时它和中原的王位世袭制度一样，也是分立太子、别子和群公子。比如《史记》就记载了当时秦国灭蜀后，因为蜀太子已经在战争中死难，所以只好封了第三代蜀公子为蜀侯。

开明王朝的政治制度也全然不像杜宇、鱼凫时代。虽然杜宇曾经设立宰相，但看起来完全是出于私人感情和好恶而临时设置的，没有一套完整的政治体系和官僚制度。但到了开明时期，朝中气象大变，可考的职官至少有傅、相、郎中令等，而且对于王朝的皇室成员，开明王均实行诸侯式的分封制，把他们赶出舒适的皇宫，让他们到边防重镇的艰苦环境中去锻炼，以保持上层统治者的清醒头脑和应有的为国服务意识。《华阳国志·蜀志》就曾记载："蜀王别封弟葭萌于汉中，号苴侯，命其邑曰葭萌焉。"这里，别帝就把他的亲弟弟葭萌分封到边远艰苦的汉中去。为了使他"乐不思蜀"，干脆"命其邑曰葭萌"，"命"是什么意思？是命名同时也是命令，这显然是为了使弟弟葭萌坚定扎根边疆、为国服务的思想。

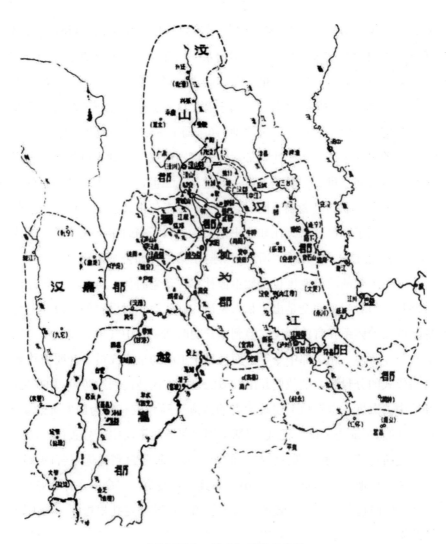

《华阳国志·蜀志》疆域示意图

　　这一时期的蜀王，开始为自己的祖先设立宗庙，希望开明王朝的基业能够千秋万代地传下去。据《华阳国志·蜀志》记载："九世有开明帝，始立宗庙……未有谥列，但以五色为主，故其庙称青、赤、黑、黄、白帝也。"这说明到开明九世时，蜀王恍然发现自己的祖先还没有牌位，因此开始设立宗庙。但这些宗庙的设立方法不是用谥号把列祖列宗的位置都排列下来，而是只设立前五世开明王的宗庙。因为蜀人认为"五"

是一个最吉利的数字，也是一个最完整的数字，所以就立庙祭祀前五个开明王朝的国君，庙的名字也正好套用"五颜六色"的"五"，非常圆满。

开明王朝的皇家墓地，在近年的考古发掘中共发现两处：一处是新都木椁墓，一处就是著名的成都商业街巨型船棺墓。虽然两处墓葬均被盗墓贼洗劫过，但从遗存下来的器物可以看出，当时的宫廷用品已经十分豪华精美，漆器、玉器、青铜器均大量出土。漆器从最小的梳子到蜀王批阅文件的几案，铜器从柳叶形剑到演奏用的编钟基座等。应当说，开明王朝已经是个政治体制相对完善，农业、手工业、商业相对发展的奴隶制社会，已经完全具备了国家的形态。

秦蜀关系论

我们知道，蜀是被秦国所灭的，但在战国初期，秦与蜀基本上还保持着平等的国与国之间的关系。从实力上来说，也许秦国更强，但蜀也并非是无足轻重的角色，开初两者间可谓是半斤八两。但后来为什么两者间的实力会此消彼长，甚至造成秦灭蜀的局面呢？这就是我们前面说过的国运走势，中国的封建王朝从基业开创到灭亡无非两种走势，一种是呈抛物线下降，一种是呈直线下降，而且君王们的素质和体魂也是如此。这时候伟大的秦始皇还没有出生，秦国正像东方初升的太阳；而蜀国开明王朝已经历了漫长的十二世，至末代蜀王时（据《路史·余论》计算）已经历了"三百五十年"，可谓垂垂老矣，且开明末世也是一个好色之徒，它怎有不被秦国所灭之理呢？当然，秦国最初也只是小小的"微生物"，因为在周孝王时，才赐秦之先公非子嬴姓。也就是说，此前他连姓都没有，然后分了一点土地给他，叫他附庸在周王室的身边当一个小小的诸侯。可是后来，秦国时来运转，西周末年各路诸侯举兵攻打周平王，周平王慌慌张张地逃跑，跑到雒邑已是无路可走，幸好这时秦襄王以兵护驾，才保得周平王一条性命。

《史记·秦本纪》记载秦厉共公二年"蜀人来赂"。过去有人认为这

"赂"是贿赂，就像今天我们要求人办事似的，毕恭毕敬地跑去给人家送东西。其实，这"赂"在古代是赠遗的意思，就像今天国与国之间的交往，领导人互送一点表示友好的礼物，并非朝贡和贿赂。秦与蜀之间的大规模冲突开始于公元前451年，主要原因是为了争夺汉中盆地一块叫"南郑"的地方。此时两国实力相差不大，汉中南郑一带正是两国间的"楚河汉界"。那里位于汉中盆地西南部、米仓山北部，扼汉江和嘉陵江上游，是一块北出褒斜道可以进入中原，南下金牛道可以入蜀，进可攻、退可守的风水宝地。谁能不争呢？史籍早就记载过，鳖灵和他的儿子都曾发兵于此试图争夺，而且他们还把自己最亲密的兄弟往这一带分封，可见它的战略价值是相当高的。

据分析，当时南郑是在蜀国掌握之中的，因为《华阳国志》记载开明二世"攻秦至雍"，雍在今天的宝鸡以北，已经完全跨过南郑了。开明王朝在这盘棋的布局阶段明显占了上风，而且抢夺到了一些实地。但自秦穆公以后，秦国突然发起反攻，并于公元前451年攻下了南郑。为了防止蜀国的反扑，秦国还在南郑修筑城池和围墙，以为战略防御之计。战略要地已失，蜀国当然不会甘心，于是调兵遣将用了近十年时间收复了南郑。《史记·秦本纪》的作者司马迁称这步棋为"南郑反"，也就是又被反转过来了。

经过两个回合的较量，秦国没有占到任何便宜，加之秦国内部有乱，所以此后的数十年间秦国不敢再与蜀国交手。一直到秦惠公十三年（公元前387年），秦国才又腾出手来抢夺南郑。《史记》作者此时像个裁判一样坐在旁边观战，刚刚记下"伐蜀，取南郑"，忽而又忙忙地记上"蜀取我南郑"。因为战局的变化实在风云莫测，难以预料。上面两笔记录都是在公元前387年之内，可见双方是下了一步快棋。秦国被这一闷棍打得有些头昏眼花，这才发觉蜀国并不是传说中的弱国，而是一个十分强大的国家。俗话说：一朝被蛇咬，十年怕井绳。秦国在此后大约70年内，没有再敢轻举妄动，它把国家政治军事的重心转移到了东边，而且采纳了商鞅提出的变法主张，国力很快强盛起来，下一步就只等一举吞灭六国了。

可惜这一步棋的变化蜀王没有看到。他认为秦国 70 余年不敢再来抢夺南郑，那只是说明秦国被蜀国的阵势所震慑和吓住了，殊不知，按兵不动不等于内心胆怯，这种风平浪静的背后一定隐藏着更深的图谋。蜀王因为错误地估计了形势，所以依然不把秦国放在眼里。到了秦惠王时代，有一次，蜀王还率领万余人到汉中一带打猎，他骑着高头大马，耀武扬威，好不威风。据《蜀王本纪》记载，蜀王还派人给秦惠王传话，说"我蜀王某月某日要在'褒'地举行军事演习，如果你秦惠王有兴趣前来参观，我也欢迎，并且还乐意接见你"。

秦惠王来看蜀王的军事演习没有？据《蜀王本纪》记载，秦惠王不但没有拒绝邀请，反而欣然赴约，两国首脑在汉中的苍茫山地间握手问候，并作了"亲切"的交谈，然后一起观看了蜀国士兵的军事演习。这时候的蜀王简直像一个大傻瓜，他完全不知道秦惠王已经把蜀国军队的编制和排阵情况全都看在了眼里，而且熟悉了蜀国士兵的装备和作战情况。在蜀王看来，他的军队无论从战素素养还是武器装备上，都要明显优于秦国军队，所以才故意把它展示给秦惠王看，希望这样的阵势能完全镇住秦惠王，从而断了他再来和蜀国交战的想法。秦惠王神情悠然地坐在观礼台上，面含笑容，其实他的内心已经制定好了一套破蜀计划。这是一次失败的聚会，虽然《蜀王本纪》的作者扬雄以一个蜀中历史学家的身份记录了这段历史，好像这段历史能够说明当时蜀国的强大，其实却恰恰暴露出了蜀王的无知和自傲，这样的后果是必然会付出沉重代价的。

看来，一盘僵持已久的棋行将结束。

五丁力士

《华阳国志·蜀志》有几则很神异的记载。其中的一则说："（开明）时蜀有五丁力士，能移山，举万钧。每王薨，辄立大石，长三丈，重千钧，今石笋是也，号曰笋里。"另一则说：蜀王娶了武都的一个女子为妃，这妃死后，蜀王征发五丁力士远到武都取土，担回成都，为妃作冢。《蜀王本纪》中也有关于五丁力士的记载，说是秦惠王知道蜀王好色，便答应把秦国的五个美女嫁给他，蜀王便派五丁力士前去迎娶；不料返回途中行至梓潼，忽然看见路边一条大蛇正钻入洞去，五丁力士急忙擎住蛇尾用力往外拔，人和蛇都发出巨大的吼声，一时间山崩地裂，五丁力士和秦国的五个美女都化成了石头。

上述史料中被频频提到的五丁力士，究竟是一种什么东西？是开明王朝五个力拔山兮气盖世的壮士，还是五个人为一组的劳动力组织或士兵组织？要回答这个问题，先让我们看看上述史籍中所透露的相关信息。第一则史料说，开明王朝时，蜀国有"五丁力士"，他们的力气很大，能够把山从一个地方搬到另一个地方，能够举起万斤重的东西。每次遇到蜀王死去，他们就从山里搬来长三丈、重千钧的大石头，昂然竖立在蜀王的墓前，作为墓志，这些石头就是我们今天所看到的石笋。的确，成都平原至今还有不少"大石"遗迹，如"五丁担""天涯石""支矶石""五块石""石镜"等。这些巨大的石头显然不是成都平原本地出产的，因为古时即便洪水再大，也无法把如此巨大的石头冲进平原，只能是当时的五丁力士从很远的山地搬运来的。比如"五丁担"，明明就是由五丁力士"担"之而来。又后来，蜀王的一个妃子死了，因她的故乡在武都，所以蜀王又派五丁力士前往武都担土，担运回成都为亡妃作墓。再后来，秦惠王答应把秦国的五个美女嫁给蜀王，蜀王便又派五丁力士前往秦国迎娶。

综合以上信息来看，五丁力士并非五个力大无比的壮士，而是一种编制固定的劳动力组织，相当于负责各种劳役的"民兵"，主要从事凿山、开道、搬运、王室迎送等活动，带有半军事化的性质。我们知道蜀人有尚"五"的习俗，把五个身强力壮的青年男子组织起来，从事各类建设，政府征调劳动力就按"五丁"这个基本单位进行抽取。所以，"五丁力士"的名字才会频频出现在开明时期的文献中。

"五丁力士"制度的起源很可能是当年鳖灵前去岷江上游的玉山治

水时开始采用的劳役制度。防洪治水对于当时的蜀国来说，无疑是国策大计，所以在抽调劳役时，只有按照每村每户出多少个劳力的办法进行大规模抽调。如果按每家每户出一个劳动力的比例计算，那么五家人就可以形成一组"五丁"。为了使这五丁在服役时紧密合作，不偷懒不逃跑，甚至可以采取连坐的方式，即五丁中有一个人逃跑或拒绝服役，那么其余"四丁"都要受到株连。

采取这种方式征调的劳役，必然会有很高的劳动效率，所以他们的名字才会频繁地出现在开明王朝的各类工程活动中，比如为死去的蜀王立墓石，远距离担土，前往秦国迎亲等。在成都商业街大型船棺墓葬中，有一具长 18.8 米、直径 1.7 米的巨型楠木船棺，就是用整根的楠木对剖挖凿而成的，还有大小不等的船棺 10 多具。像如此浩大的工程，除非由五丁力士来完成，一般的农村闲散劳动力肯定是不行的。

沉溺于女色的末代蜀王

想当年，鳖灵取代杜宇王朝的统治时，其儿孙是何等的英勇豪迈，气吞山河；开明二世、开明三世都曾为拓展蜀国的疆土南征北战，不辞辛劳。但到了开明十二世时，整个蜀国已风雨飘摇。先是政局动荡，那个曾被分封到汉中重镇的王弟苴竟然私下和巴国相勾结，后来又是蜀王被女色迷住，干出了不少荒唐之事。《华阳国志·蜀志》记载："武都有一丈夫化为女子，美而艳，盖山精也。蜀王纳为妃，不习水土，欲去。蜀王必留之，乃为《冻平之歌》以乐之。无几物故，蜀王哀念之，乃遣五丁之武都，担土为妃作冢，盖地数亩，高七丈，上有石镜，今成都北角武担是也。"

从这段记录看，末代蜀王已完全进入昏庸之境。他听说武都有一个男人变成了女子，长得是既美丽又妖艳，就想把她纳为妃子，以满足自己变态的私欲。虽然史籍上记载这女子是由山精变来的，但从现代人的眼光看，这女子无非就是一个"人妖"嘛，有什么值得留恋的？但末代蜀王非常宠爱这个人妖，见她不习惯成都的水土，时常闹着想回武都去，就亲自穿了戏子的衣服，手拿弦子，扭捏作态地边舞边唱，为这个人妖表演了一曲《冻平之歌》。但是这个王妃不领他的情，没过几天就死了。蜀王感到非常悲痛，便征召五丁力士去这个人妖的故乡武都担土，担回来的土被用来修了一个大墓，墓有七丈高，占地数亩。如此大的一项工程得征调几千几万个五丁组织，这不明明是劳民伤财吗？等墓修好后，蜀王还命五丁力士从山上运回一块大石，并磨成光滑的镜子，竖立在这个人妖妃子的坟头。这是不是只有昏君才做得出来的事？

秦惠王当时对蜀国的情况了如指掌，他也知道末代蜀王的私人爱好。据《华阳国志·蜀志》记载："惠王知蜀王好色，许嫁五女于蜀，蜀遣五丁迎之，还到梓潼，见一大蛇入穴中，一人揽其尾掣之，不禁，至五人相助，大呼拽蛇，山崩，时压杀五丁及秦五女……蜀王痛伤……作思妻台。"通读全文，连头脑最简单的人也知道这是一个骗局和阴谋，秦惠王明明知道你蜀王好色，所以假装答应把秦国的五个美女许配给蜀王。蜀王简直受宠若惊，立即命令五丁力士带上聘礼前去迎娶，结果是鸡飞蛋打。遇到蛇可能是史家的春秋笔法，遇到了秦惠王为他们挖的陷阱倒是很有可能的。

"金牛道"与秦国灭蜀

虽然秦惠王表面上不再与蜀争夺汉中要塞南郑，但灭蜀计划实际上早已考虑成熟；只是有一条，自古蜀道艰险，他秦惠王在没有弄清入蜀的道路以前也不敢贸然挺进。现在他的大兵已经集结在蜀国的边境上，万事俱备，只欠东风。

《华阳国志·蜀志》叙述当时的情景说：那个昏庸的末代蜀王自以为褒和汉中都还在自己的股掌中，带着手下到这一带的山谷里打猎，正在追捕猎物时忽然看见秦惠王骑着一匹高头大马从山梁上走下来，身边还带了许多随从，也像是在打猎。秦惠王显得大度而有礼节，送给蜀王一大筐金子。蜀王也回赠了许多蜀中的珍宝玩物给惠王，但秦惠王刚刚把这些珍玩拿到手里，却全都变成了泥巴。秦惠王很愤怒，当时就想和蜀王拼个你死我活，但奇怪的是他的大臣们却都向他拱手道贺。秦惠王问为什么？群臣道：蜀之珍玩物化为土，说明大王将得到蜀国的土地，这是好事呀，可喜可贺。秦惠王一听，也有道理，于是便听从了群臣的建议，叫工匠们打造了五条石牛，搁在山顶上，每天叫人去牛屁股的后面倒上一筐金子，还放出话来，说秦国有五条石牛，非常神奇，每天都能屙下一筐金子。蜀国士兵听到消息，偷偷派人到山顶上去侦察，那五条石牛果

先秦时期入川古栈道

然每天都要屙下一筐金子，便把这消息报与蜀王。蜀王除了有好色的毛病，还有贪财的毛病，可谓是"寡人有疾"。秦惠王深知这点，只等蜀王入瓮。果然不久，蜀王就派遣使臣找到秦惠王说，蜀王想得到这些牛，不知秦惠王肯不肯拱手相送？秦惠王说，那好啊，咱们两国的关系就如亲兄弟一般，我的东西自然也是蜀王的东西，你们回去禀报蜀王，叫他来拿就是了。蜀王乐极，急忙派了五丁力士去把这五头石牛运回蜀中。可是运回蜀中后，这五头石牛不但不屙金子，甚至连石子也不屙。蜀王气急败坏，一拍案子说：这个秦惠王也太不像话了，居然敢戏耍我，把这几头石牛都运回去还他，看他以后还有什么脸面见我。于是蜀王又派五丁力士押送石牛来到秦国边境。五丁力士们因为来回奔波了两趟，有气没处撒，便指着秦军士兵的鼻子大骂：你们这些东方放牛儿，简直一点信义都不讲。秦国的士兵却笑着说：我们虽然是东方放牛儿，

但你们蜀国很快就会成为秦国的放牧之地了。

五条笨重的石牛像推土机一样被蜀国的五丁力士们推的推、拉的拉、抬的抬，在秦岭的山地里来回奔波两趟，沿途的树木山地都被踩成平地，变成了一条由秦国通往蜀国的"黄金通道"——金牛道。公元前316年秋天，秦惠王派遣张仪、司马错、都尉墨率领秦军从这条道路浩浩荡荡南下伐蜀，一时间古栈道上战旗飘飘，锣鼓声响。蜀王急急调兵仓促应战，结果被秦兵打得落花流水，丢盔卸甲。蜀王在战斗的间隙想起了以前那些荒唐的过失，不禁仰天长叹。但一切都晚了，秦军士兵如狼似虎，看准蜀王逃走的方向穷追不舍。结果蜀王逃到彭山县的东北部时，被秦军包围，惨死于乱箭刀斧之下。而蜀国的王太子和太傅、丞相等虽然冲出重围，但也只跑到彭县就被秦军阻击，全军覆没。

至此，经历过蚕丛、柏灌、鱼凫、杜宇、开明十二世的漫长的古蜀国历史宣告结束，一个新的统一的铁器时代来临了。

"五"这个神秘数字

在有关古蜀文化的文献和考古材料中，我们注意到一个奇怪的文化现象，即"五"这个数字在古蜀历史中出现的频率相当高，而且有着某种神秘的、宗教式的力量，仿佛一直是悬在古蜀人头顶的一个咒语。这是怎么回事？一个简单的"五"竟然渗透到了古蜀人生活的各个层面，包括物质文化、精神生活、政治经济、社会组织结构等方面，这就不能不引起我们的注意了。请看下面一组神奇的例子：

1998年，郫县古城遗址的腹心地带发现一所距今约4000年的"大房子"，房屋残留的基址内依次排列着五个由卵石砌成的台；广汉三星堆遗址"一号坑"出土的金杖上有一组图案，人头上戴着五齿高冠；"二号坑"出土的青铜大立人，也是头戴五齿高冠；同时出土的类似车轮的青铜太阳轮形器，辐条均为五条；"二号坑"出土的石牙璋，射部和柄部双面均阴刻两组图纹，每一组均由五幅图案构成，而且各组图案均出现五个人物形象；彭县竹瓦街出土的窖藏青铜器以及抗日期间川西地区发现的青铜罍，均以五件为一组，一大四小相互叠放；四川新都战国时期的木椁墓，其腰坑出土的青铜器，多数为五件一组；开明九世为逝去的先祖立庙，明明已经有八代先祖死去，却只将前五世列入庙中，称"五色帝"。此外，文献中关于"五"的记载甚多，比如五丁力士，蜀王妃有五妇，石有五块石，地有五丁担，墓有五丁冢。可以说，这么多的"五"在文献和考古材

三星堆出土的带五辐的轮形器

料中频繁出现，已经不是偶然现象了，它一定跟古蜀人的宗教文化传统有着更深层次的联系。

蜀人尚五观念的形成，虽然没有明确的史料记载作为依据，但推想起来应该有很长的历史，甚至跟他们原始宗教信仰的起源有关。比如郫县古城遗址"大房子"中的五个卵石台，它的来历一定是事关古蜀人宗教祭祀和信仰的初始观念。也许，在他们看来，"五"这个数字是最大的，也是最吉利的，它代表了一个周天、一个轮回，是一个完整的宇宙体系或生命轮转。要不，开明九世怎么在明明已经死了八个祖先的情况下，还只列前五个祖先入庙呢？个中理由只能是，剩下的三个还不足以构成一个完整的宇宙体系，只有待到将来十世蜀王去世，第二个"五"才能以完整的方式出现。

从宗教信仰层次上产生的观念，必然影响到人们生活的各个层面，而且它的影响力也是极其深刻和持久不衰的，它甚至已成为古蜀人判断事物的基本标准和行为模式，并牢牢控制着古蜀人的精神活动和社会行为。同时，这种尚五观念也并非只有蜀人才能感知，当时的周边国家和以后的统治者们也都明白这一点，并且还不止一次地利用过蜀人的尚五

观念，以达到他们不可告人的政治目的和军事目的。

比如，当时的秦国就知道蜀人尚五观念浓厚，秦惠王答应把秦国的五个美女嫁给蜀王。他为什么偏偏把五个美女嫁给蜀王？秦惠王知道，只有把五个美女许给蜀王，蜀王才会上当受骗，因为五这个数字足以摧毁蜀王的中枢神经；蜀王甚至会有一种本能的反应，一听到五，全身都有一种舒适无比的感觉。后来，秦惠王雕刻了五头能屙"金子"的石牛，结果蜀王又被迷住了，居然派遣五丁力士翻越千山万水，把这五头什么也不屙的石牛运回蜀中，结果开辟了一条自毁家园的"金牛道"。俗话说"打蛇打七寸"，秦惠王是真正摸到了蜀王的软肋。

秦始皇统一中国以后，他也知道蜀人对五比较敏感。秦始皇本来是一个喜欢把什么事情都规范化的人，例如他统一了货币和度量衡，统一将数字"以六为纪"，而且还把全国各地修建的道路宽度统一为六尺。但这个标准对蜀人来说，明显不起作用。秦始皇深知这一点，因此秦始皇特意把蜀地的标准给改了，算是开个特例——命令蜀地的道路都可以凿成五尺。这下子蜀人高兴了，觉得秦始皇真是一个通情达理的、了不起的国君，于是把成都平原和周边的道路修得又多又好，"通为郡县"。

接下来李冰到四川当蜀守，新官上任肯定先要了解蜀地的民情风俗，结果他也发现了蜀人尚五的秘密。因此在修筑都江堰时，他便"以五石牛以压水精"。这些事例，从民俗理论上讲，无疑具有一种文化或社会意识形态上的核心凝聚力作用，是古蜀文化中一个十分古怪的特例。

结　语

走考古与文献相结合的道路

通过以上对文献中的蜀王以及古蜀国历史的粗略梳理，我们发现这样一个事实，即越是年代久远的传说和记载，越是显得模糊不清，难以琢磨。例如有关蚕丛、柏灌、鱼凫的记录仅是只言片语，称得上真正的、历史的记录少得可怜，柏灌一代和蚕丛以前的历史根本就没有踪迹可寻，即便有，那也是中原式的历史，而非蜀国自己的历史。相反，到了后期，蜀王们的面目逐渐变得清晰起来，有关他们的历史，也能在不同种类的文献中找到印证。我们甚至知道了杜宇的妻子名叫"利"，他的国都建在哪里，他是怎样拓展疆土以及实施自己的外交政策的，他虽然擅长农业却不善于治水。到了开明一世（鳖灵），人物的形象已十分丰满，鳖灵的形象甚至不像以前的蜀王，他是从宰相开始做起，然后通过一场典型的宫廷政变一步步谋取了王位，他的成长历程已在我们的视野把握之中，甚至连他坚忍、强悍、工于心计的性格也都跃然纸上。接下来，他所推行的王位世袭制也是脉络清晰的，开明二世、开明三世的名字和功绩都有文献记载。可以说古蜀国历史到此刻已由混沌变得清楚。

然而，仅有这样一部残缺不全的历史，我们是无法把握古蜀历史及文化全貌的，况且这部纸上的历史真假相掺、鱼目混珠，并非是真实可信的由古蜀国人民创造的历史。从本书第八部分的标题"一半是历史、一半是神话"，读者也许不难看出，这部古蜀历史也不是全都真实可信，它有相当部分的内容属于神话杜撰性质。举例言之，秦国灭蜀按《华阳国志》记载，是秦惠王通过"金牛道"长驱直入攻陷蜀国的，但是那条由五丁力士和五头石牛踩出的"金牛道"是否存在？根据后世的文献我们发现，那其实只是一条虚幻的莫须有之路，真的伐蜀之路是盘旋于崇山峻岭中的古栈道，那是经过了无数的人力物力长期开凿而成的，并不是石牛如坦克般碾压而成的。

因此，我们欲把握古蜀文化和历史的全貌，就不能仅仅依靠文献，而应该把考古发掘和文献对照起来看，相互参证，相互修订，从而还历史以真实鲜活的本来面目。近些年，由于成都本地考古学家们的努力，大量的古蜀文化遗址被发掘出来，它们包括三星堆遗址、金沙遗址、十二桥建筑遗址、商业街大型船棺独木棺墓葬，以及年代早于它们的众多古城遗址、墓葬等。这些发现一方面填补了文献的空缺和断裂，另一方面又从实物的角度丰富了文献中所没有的物质文化层面。比如通过古蜀王的墓葬发掘，我们知道了当时的皇家葬俗，知道了古蜀王喜欢什么样的漆器、铜器和棺材，宫廷游乐时使用什么乐器……总之，一部大而无当的历史变得细腻和生活化了，使得我们能够触摸和倾听历史。这就是考古的力量，它能从最细微的地方复活和展示历史的全景，一块陶片上的指纹，一道墙基上的红烧土，一把磨到一半的石斧都是当时历史的浓缩和最好见证。

考古除了复活和把文献中的历史生活化，同时还能起到去伪存真的作用。比如文献中的蜀王都长生不老以至"仙"去，但我们却能发现他们的墓葬；文献说古蜀国的人类历史长达 48000 年，但考古发现告诉我们古蜀国的历史仅仅维持了两三千年。诸如此类的问题，都可以通过考古发掘和现代科技手段去加以修正。

此外，考古发掘的另一个意义是可以和文献相互参证，以前我们在考古发现中不能解释的现象，通过文献却可以找到答案。比如成都北门外西周至战国时期的羊子山国家祭坛，用土量在七万立方米左右，这座在当时来看庞大无比的土台是由谁修筑的？通过文献，我们知道它是由开明时期的"五丁力士"修筑的。过去，有关羊子山土台的修筑年代一直难于确定，其实通过文献我们应当有把握确定它在鳖灵以后。因为在此之前，古蜀国几乎没有搞过什么巨型的土木建筑，那时候，他们还没有发明"五丁力士"这样一种半军事化的、具有极高效率的劳役组织。

再如，三星堆遗址和金沙遗址的主人是谁？通过考古，我们知道这两处遗址最重要的发现是青铜类和玉石类、金器类的祭祀礼器，那么文献中哪代蜀王有发达的祭祀文化，它的基本特征是什么？通过如此参证，我们在寻找答案时，就能更加方便快捷。但是，考古学科也并非十全十美，它也有自己的局限性。比如金沙遗址被发现以前，几乎所有的人都认为三星堆文明是突然断裂的，它没有延续下去的任何迹象，会不会是这支文明已经消亡或者离开了蜀文化区域？其实它还在，它根本没有离开过我们，它就那么一直静静地守候在我们身边，只是我们没有发现而已——这就是考古发掘中的偶然性因素对人们目光的制约。现在没有发现，并不等于它就不存在。所以，仅仅依靠考古发掘来复原历史，也是会出错的。最科学的方法应该是，把文献和考古结合起来，从两者的对应和契合间寻找历史的真相。

特别鸣谢：

　　成都市文物考古研究所李明斌、江章华、朱章义、颜劲松、李绪成等同志无私向作者提供了图片和资料，特致谢忱。另对文物出版社《三星堆祭祀坑》《金沙出土文物图录》《成都市文物考古研究所 2001 年度考古报告》以及四川人民出版社《三星堆发掘始末》等书的作者和考古学家们表示由衷的感谢和深深的敬意。

肖　平

2019 年 3 月